高校大学生就业指导问题研究

李范成　著

HEUP 哈爾濱工程大學出版社

内容简介

本书对目前国内外高校大学生就业指导的情况和特点进行了分析研究，对我国高校大学生就业指导的现状及存在的主要问题作了总结和分析，在此基础上提出了构建我国高校大学生全程化生涯规划就业指导模式的总体思路和具体措施。

本书可供高校就业指导老师和大学生参考使用。

图书在版编目(CIP)数据

高校大学生就业指导问题研究/李范成著.—哈尔滨:哈尔滨工程大学出版社,2016.7
ISBN 978-7-5661-1342-9

Ⅰ.①高… Ⅱ.①李… Ⅲ.①大学生—职业选择—研究 Ⅳ.①G647.38

中国版本图书馆 CIP 数据核字(2016)第 190170 号

选题策划 刘凯元
责任编辑 张忠远 付梦婷
封面设计 恒润设计

出版发行 哈尔滨工程大学出版社
社　　址 哈尔滨市南岗区东大直街 124 号
邮政编码 150001
发行电话 0451-82519328
传　　真 0451-82519699
经　　销 新华书店
印　　刷 哈尔滨市石桥印务有限公司
开　　本 787mm×960mm 1/16
印　　张 7
字　　数 152 千字
版　　次 2016 年 7 月第 1 版
印　　次 2016 年 7 月第 1 次印刷
定　　价 29.80 元
http://www.hrbeupress.com
E-mail:heupress@hrbeu.edu.cn

前　言

大学生就业问题是政府、社会、用人单位、家长和毕业生共同关心和关注的焦点问题。为了社会的健康发展,党和政府高度重视大学毕业生就业工作。但近年来,大学生就业工作遇到了前所未有的压力。同时,随着高等教育的发展,今后相当长的一个时期内大学毕业生数量仍将继续增加,大学生就业压力将持续加大。大学毕业生就业问题是关系到社会经济发展、政治稳定、社会和谐发展和实现人民群众根本利益的重大全局性问题,因此这一问题越来越受到党和政府的高度重视。

在新形势下,科学合理地指导大学生实现就业,对于社会的和谐发展、提高高等教育质量、加速实施人才强国战略和推动经济社会协调发展都意义重大。同时,加强大学生就业指导工作,对于进一步增强大学毕业生的就业竞争力、努力促进大学生充分就业、促进大学毕业生的职业适应与发展,无疑具有重要的理论意义和实践价值。

本书对目前国内外高校大学生就业指导的情况和特点进行了分析研究,对我国高校大学生就业指导的现状及存在的主要问题作了总结和分析,并在此基础上提出了构建我国高校大学生全程化生涯规划就业指导模式的总体思路和具体措施。

著　者

2016 年 4 月

目　录

第一章　高校大学生就业指导概述

第一节　高校大学生就业指导的基本概念及基本理论

习惯上,人们将高等学校对大学生进行的职业指导称为就业指导。从名称上,不同的国家对就业指导有不同的称呼,在英美国家叫“职业指导”或“生计指导”,苏联称之为“职业定向教育”,日本称之为“出路指导”。从字面定义上看,这些概念就是就业指导。

对就业指导的内涵,各国的解释也不尽相同。苏联的社会学家认为职业指导是一个社会过程,它由职业信息服务、职业咨询服务、人员选择和职业适应四个部分组成。我国台湾的学者认为职业指导“不独使受指导者知业并适于何业,且需设法为之预备,助其入业,使其安于其业、乐于其业”,假如“入业后不适宜,更当设法使之迁业,务得安居乐业之所”;而《中国教育百科全书》中的解释是:“职业指导亦称职业咨询或就业指导,指根据社会职业需要针对人们的个人特点以及社会与家庭环境等条件,引导他们较为恰当地确定职业方向、选择劳动岗位或者转到新的职业领域的社会活动,是沟通求职者和用人单位,教育部门和社会的有效途径。”美国职业指导协会则将其解释为:“帮助学生选择职业的过程,是为就业做准备的过程,也是在任职中求得发展的过程”,这种解释把职业指导看作“过程”,而非一时一地一事的临时性措施。在社会中,认可度较高的是美国职业指导协会对职业指导所下的定义。

就业指导这一活动最早产生于德国。1902 年,德国首次出现职业指导活动。1908 年,被称为“职业指导之父”的帕森斯在美国波士顿设立职业指导局,将职业指导发展为具有组织形态的专业性工作。第一次世界大战后,面对资本主义劳动市场的巨大变化,各类学校都想方设法帮自己的毕业生适应劳动力市场的需求以生存和发展下去,而对学生进行就业指导则是指导学生适应劳动力市场的最好方式之一。因此,就业指导迅速由美国遍及其他国家并在学校普遍开展,并日趋科学化、制度化。

一、高校大学生就业的基本概念

就业是就业指导的前提和基础。因此,我们有必要先了解就业的具体含义和影响就业的各项因素。

就业这一概念,从理论上讲,是指具有劳动能力的人,按社会的需求与职业岗位和生产资料相结合,运用生产资料从事合法的社会活动,并获得相应的劳动报酬或经营收入的经济活动,也就是劳动者择定某项工作并正式从事该工作。就业包括三个内涵:一是从事"社会劳动",而不是自己的家务劳动;二是得到社会的认可;三是获得劳动报酬或是经济收入。就业具有三个特点:一是社会性和经济性;二是计划性和合理性;三是变动性和相对合理性。

就业形式按城乡划分,可分为城镇和乡村就业;按产业划分,可分为第一产业、第二产业和第三产业;按灵活和稳定程度划分,可分为正规就业和灵活就业;按劳动力利用的饱满程度划分,可分为充分就业和不充分就业。大学生就业与一般人就业还有所不同:一是大学生即使找到了工作,但如果是临时性的,或是与其自身学历不相应的工作,也不能算作是真正的就业;二是大学生的就业观严重影响着他们的就业,大学生常对于某些地区、行业和职业采取排斥的态度;三是用人单位对大学生的经验、性别等的要求影响着大学生的就业,有些用人单位要求求职者拥有工作经验,或是基于男女生理上的不同特点而只愿招男生,不愿招女生;四是大学生父母及亲戚的社会地位和社会关系。此外学校就业指导中心也会显著影响着大学生就业。

就业是民生之本,是经济社会持续发展和生活水平提高的关键,就业不仅是劳动者谋生的手段,也是大学生融入社会,给个人和家庭带来希望的重要途径,还是经济发展和社会进步的重要前提,因而就业指导也就显得尤为重要。

二、高校大学生就业指导的发展历程及基本理论

就业指导学是一门新兴边缘交叉学科,有着自己的学科规范和发展规律。它融合了哲学、教育学、社会学、心理学、人才学、思想教育学、医学、信息科学和系统科学等学科的研究成果,形成了自己独特的理论体系。就业指导也称生计指导,最早,它是应西方国家经济发展、职业分化以及解决失业问题等需要而产生于欧美国家的一项重要社会活动,其先驱是美国波士顿大学教授弗兰克·帕森斯(Frank Parsons)。在20世纪初,伴随着英国工业化社会的迅速发展,大量移民和农业人口进入美国城市以寻求生存发展机会。为了促进社会就业,波士顿在1901年成立了民众服务中心,弗兰克·帕森斯担任领导,指导就业实践工作。1908年,他首先使用了"职业指导"的概念,开始实施职业指导。1909年,他所撰写的《职业的选择》一书的出版标志着就业指导理论的正式产生。

(一)就业指导的发展历程

就业指导历经一个世纪的发展,经过三次思想转折,分为以下四个发展阶段。

1. 第一阶段(1908—1942 年):职业指导理论提出和基本模式建立时期

这一阶段代表性理论是“特质因素论”,帕森斯是这一理论的创始人。他是美国职业指导实践探索的奠基人,被称为“职业指导之父”。他的理论假设是基于个体差异和职业差别基础上的人职匹配,即假定所有的人在其成长和发展方面都存在差异而发展的。因此,他认为职业指导就是人的兴趣和能力与社会所提供的工作机会相匹配的问题,职业指导过程就是于自我认知和职业认知这两个前提下的人职匹配过程。

19 世纪末 20 世纪初,英国社会处于自由资本主义向垄断资本主义过渡时期。此时的英国求职情况呈现为两种情况:一方面,工业革命以后,产生了许多前所未有的新兴职业,人们难以准确了解各种职业信息,作出正确的就业选择;另一方面,社会职业的细化对劳动技能的要求不断提高,劳动者就业前如果没有接受一定的职业训练就很难找到合适的工作。为了促进社会就业,职业指导应运而生。

1901 年,美国波士顿成立了民众服务中心,波士顿大学教授弗兰克·帕森斯担任领导。1908 年,帕森斯创办了波士顿职业指导所,为没有找到工作的年轻人和在此期间由于社会的快速变化而失业的人提供帮助,安置年轻人找到工作是指导所最初的和最重要的目的。帕森斯认为在进行职业选择时有三个主要影响因素:一是对自身的清楚了解;二是各行各业取得成功的知识要求与条件;三是后两组事实联系的合理推论。1909 年,帕森斯撰写了《职业的选择》一书,在世界范围内首次提出了“职业指导”这一术语,系统阐述了科学的职业选择理论——特质因素理论,由此也构建出了帮助青年学生了解自己、了解职业,并使人的特点与职业要求匹配的职业指导模式。

19 世纪末兴起的心理测量为甄别个体差异提供了具有可操作性的工具,成为此阶段重要的和必不可少的部分。心理测量在美国社会的实施使职业指导获得了一定威望;如果没有科学的程序证明职业指导第一阶段的合理性,职业指导不可能如此广泛地被接受,同时特质因素论也随着心理测量运动的发展而不断发展。

随着职业指导实践的开展,美国在 1913 年成立了国家职业指导协会(National vocational guidance association),1915 年美国教育办公室出版了第一本就业指导的刊物《职业指导学报》(*Vocational guidance bulletin*),后来更名为《职业——职业指导期刊》(*Occupations :The Vocational Guidance Journal*),成为职业指导的主要期刊。1921 年,美国职业指导协会创办了《职业指导的原则与实践》(*Principles and practices of vocational guidance*)一书,其内容定期更新。1939 年,《职业名称词典》

(*Dictionary of occupational title*)出版。1939 年,在明尼苏达大学从事学生辅导工作的著名职业指导专家威廉姆斯(Williamson)结合测量心理学、工业心理学和工作分析的理论与方法,发展和完善了帕森斯的职业指导模式,在特质因素论的基础上形成了一套独特的辅导方法,包括分析、综合、诊断、预测、咨询和追踪六个步骤,形成了较为完备的特质-因素理论。

威廉姆斯的观点及其采用的方法迅速占据了职业指导的主导地位。所谓特质就是人的生理、心理特质,或称为人格特质;因素是指客观工作标准对人的要求。职业指导的过程就是使这两方面相互匹配的过程。

特质因素论强调以测量工具为依托,对职业特征和人的特质另作分析,并进行严格的匹配。特质因素论认为个人的特质和工作的性质是固定不变的,但事实上,这两者是不断变化的。所以其测验结果用来预测个人未来职业,会缩小个体选择职业的范围,而不是扩展个人的生涯、促进人的发展。随着社会和经济的发展,特质因素理论受到了质疑。

2. 第二阶段(1942—1951 年):重视个人发展时期

这一阶段的代表性理论是"来访者中心疗法",代表人物是罗杰斯(Peter Rosegger)。1942 年,罗杰斯出版了著名的《心理咨询和心理治疗》一书,这标志着人本主义的职业指导流派的诞生,该流派与帕森斯、威廉姆斯的理论相异质。

职业指导从其产生就同心理咨询相互影响、相互促进。帕森斯的职业指导商谈法,也创立了心理咨询的最初方法,帕森斯的职业指导模式在北美产生影响并得到推广的同期,在欧洲,弗洛伊德的精神分析理论的兴起和扩展,对欧洲的心理测量也产生了重要影响,并使其被直接运用到职业指导的实践中。

罗杰斯基于人本主义的哲学观,把"当事人为中心"的心理治疗方法扩展到"以人为中心"。他不仅质疑威廉姆斯依据心理测量,并直接提出是否符合某种职业客观标准从而抹杀"自我"的判断是非人性化的;也反驳弗洛伊德的精神分析过于回溯"潜意识",是注重过去而轻视现在和未来的理论。他的理论假设是建立在每个人的成长与健全中,其本身就具有调整适应的能力,重视人的自身情绪比进行理智性理解更为重要,人的现在比过去更重要,尤其是未来更为重要这一支点上。他认为咨询对象现在的障碍问题是自我与外界不协调而产生的情绪性不适应,咨询就是帮助对方能正确认识自己,使之内外相协调并形成新的自我概念。他认为应当给予来访者自我认识的机会,赋予其自我成长的责任:"咨询的目的是提供一种气氛来解放患者,使他能自由地实现自我。"

1951 年,罗杰斯的《来访者中心疗法》问世。这推动了职业指导的重点从开发职业素质测试的技术向职业咨询的方法与技术转变,职业指导观念向职业辅导观念转变。这种以来访者为中心,创造一种氛围让来访者自我发现、自我抉择,而不是采用直接提出建议的方法，充分尊重人的个性、个人的选择和人的自由发展的权利。罗杰斯的方法就是助人自助的方法，是非指示性的，其理论对人的职业选择过程产生了深远影响。

3. 第三阶段（1951—1971 年）：生涯辅导的形成时期。

“生涯发展理论”是这一时期的主流，其代表人物是两位职业指导专家金斯伯格（Ell. Givers）和舒伯（D. E. Super），他们把人格发展与职业发展理论相融合。金斯伯格对不同家庭背景的大学生的研究发现，职业决策不是一个短期的事情，而是贯穿人的一生的一个长期过程，人的职业选择会受到现实因素、教育因素、人格因素和价值因素等的影响，个体最后的决策是基于自己喜爱的职业与可获得的机会之间的最佳结合。1951 年，金斯伯格出版了《职业选择》一书，对青少年职业选择的过程与问题作了深入的研究，将职业发展分为空想阶段、尝试阶段和现实阶段三个时期，指出“职业发展是一个与人的身心发展相一致的过程”。舒伯通过跨国性的实验研究认为职业指导是对人的职业发展的援助活动，帮助人们在职业选择与适应上进行发展，引导人们不断反复进行职业适应。

职业生涯发展理论从动态的角变来看待一个人进行职业生涯选择的历程，认为生涯发展是一个终生的过程，生涯发展及其生涯辅导方案应该依据个人在一生中各阶段的需求来设计。舒伯认为，生涯发展可分为 5 个阶段：成长期（0 ~ 14 岁）、探索期（15 ~ 24 岁）、建立期（25 ~ 44 岁）、维持期（45 ~ 64 岁）和衰退期（65 岁以上）。职业生涯发展理论强调职业发展的成熟度和职业自我概念。职业发展成熟度指完成各个发展阶段对应的发展任务，职业成熟度可以通过有效的生涯辅导来提高；职业自我概念是通过选择特定的职业来表达和展现自己，实践自我。职业生涯发展理论强调职业类型的选择和生涯形态的建立是一个发展的、动态变化的过程。职业生涯发展理论推动了由静态的、一次完成的职业指导向发展的、多次完成的职业选择的转变，受到了社会的广泛认可，舒伯也因此成为继帕森斯之后又一位里程碑式的职业指导大师。

在 20 世纪 60 年代，就业指导理论流派各异，百花齐放，有罗伊的人格理论、鲍丁的心理动力理论、霍兰德的类型论、克朗伯兹的社会学理论、克内菲尔坎姆和斯列皮兹的认知发展理论等，但他们都有一个明显的共同点，即都以注重个体生涯发展历程为中心：一方面不再将职业选择看做面临择业时才有的单一事件，而是将职业发展看做是一个长期；连续的发展过程；另一方面，他们将职业发展看做如同人的身体和心理发展一样，可以分为几个连续不同的若干阶段，每个阶段又有特定的特征和发展任务，从而实现了单一性向多层次，静止性向动态性发展的飞跃。

4. 第四阶段（1971—）：生涯辅导成熟、完善和国际化时期

进入 20 世纪 70 年代后，职业生涯的内涵进一步扩大到人们的家庭生活。舒

伯将生涯定义为“生活中各种事件的演变方向和历程，包括人一生中的各种职业和生活角色，由此表现出个人独特的自我发展类型。它也是人自青春期至退休之后一连串的有报酬或无报酬职位的总和，甚至包含了副业、家庭和公民的角色”。这是舒伯采用一种生命全程和生活整体的观点来进行研究和理论概括的。

这一时期是生涯辅导在发展中不断完善创新，在各国发展中融入民族色彩、不断本土化的过程。目前西方大多数学者所接受的生涯定义来自于美国舒伯的论点：“生涯是生活中各种事件的演进方向和历程，它统合了人一生中的各种职业和生活角色，由此表现出个人独特的自我发展形态。”即“生涯”具有终身性、独特性、发展性和综合性等特点，可以将它理解为介于“生命”与“职业”之间的概念。它没有大到与“生命”等同，但也没有小到与”职业”等义，其内容是比较宽泛的，具有丰富的内涵与特性。“生涯指导”概念的提出是职业指导历史上一次质的飞跃，从关注职业到更加关注人自身，从强调指导到更强调自我发展概念的变化，反映了指导理论和实践模式的巨大变化。因此，我们重点关注的是生涯指导的相关理论。

（二）生涯指导的相关理论

关于生涯指导，西方有以下几种代表性的理论。

1. 舒伯的职业生涯发展理论

舒伯是美国一位具有代表性的职业管理学家，经过多年的研究，他总结出以下对生涯发展的理解：

（1）生涯发展是一个连续不断、循序渐进，且不可逆转的过程；

（2）生涯发展是一个有次序，具有固定形态的过程，因此每阶段的发展都是可预测的；

（3）生涯发展是一个经过统整的动态过程；

（4）一个人的自我概念在青春期前就开始形成，至青春期开始明朗，并于成人期由自我概念转化为生涯概念；

（5）从青少年期至成人期，个体实际的人格特质及社会的现实环境等，都会因年龄、时间的增长而增加对人的影响力；

（6）父亲与母亲之间的互动关系，以及他们对职业计划结果的解释，会影响到下一代对自己职业角色的选择；

（7）一个人是否能由某一职业水平跳到另一职业水平，即是否有升迁发展机会，是由他的智慧能力，父母经济社会地位，本人对权势的需求，个人的价值观、兴趣、人际关系技巧以及社会环境、经济的需求状况等共同决定的；

（8）一个人会踏入某一类型的行业，也是由个人的兴趣、能力、个人的价值观及需求、个人的学历、利用社会资源的程度及社会职业结构、趋势等来决定的；

(9)即使每一种职业对从业者都有特定的能力、人格特质及兴趣的要求,但在某种范围内,仍然允许不同类型的人来从事;同样的,一个人也可从事多种不同类型的行业;

(10)个人的工作满足感视个人是否能配合自己的人格特质,即是否能将能力、兴趣、价值观适当地发挥出来而定;

(11)是个人工作满足的程度,常决定于个人是否能将自我概念实现于工作中;

(12)对少部分人而言家庭及社会因素是人格重整的中心,但对大部分的人,工作是人格重整的焦点,即经过工作过程,理想我与现实我之间会逐渐融合。

舒伯把人的职业生涯划分为五个主要阶段:成长阶段、探索阶段、确立阶段、维持阶段和衰退阶段。

(1)成长阶段:0~14岁,经历着对职业从好奇、幻想到有兴趣、有意识地培养职业能力的逐步成长过程。

舒伯将这一阶段具体分为3个时期。

①幻想期(10岁之前):儿童从外界感知到许多不同的职业,对于自己觉得好玩和喜爱的职业充满幻想,并进行模仿。

②兴趣期(11~12岁):以兴趣为中心,理解、评价职业,开始做出职业选择。

③能力期(13~14岁):开始考虑自身条件与兴趣的职业是否相符,有意识地对自己进行能力培养。

(2)探索阶段:15~24岁,择业,初次就业该阶段也可分为3个时期。

①试验期(15~17岁):综合认识和考虑自己的兴趣、能力与职业社会价值、就业机会,开始进行择业尝试。

②过渡期(18~21岁):查看劳动力市场,或者进行专门的职业培训。

③尝试期(22~24岁):选定工作领域,开始从事某种职业

(3)确立阶段:从25~45岁,为确立稳定职业阶段。

该阶段一般分为两个时期:

①尝试期(25~30岁):对初次就业选定的职业不满意,再选择、变换工作岗位,变换次数因人而异,也可能满意初选职业而无变换。

②稳定期(31~4岁):最终确定职业,开始致力于稳定工作。

(4)维持阶段:在45~64岁,这一段较长的时间内,劳动者一般会达到常言所说的“功成名就”的境地,已不再考虑变换职业工作,只力求维持已取得的成就和社会地位。

(5)衰退阶段:人的年龄到了65岁以上,其健康状况和工作能力逐步衰退,即将退出工作,结束职业生涯。

舒伯是生涯指导理论里程碑式的大师,他综合了差异心理学、发展心学、自我

心理学以及有关职业行为发展方向的长期研究结果构建完善了生涯发展理论，因此他将其命名为“差异－发展－社会－现象的心理学”。舒伯汲取了这四大学术领域中有关生涯发展的精华，建构了一套完整的职业生涯发展理论，得到了各国职业生涯辅导界的遍认同。他的理论观点至今仍是职业生涯辅导重要的理论基础，为当前职业生涯辅导的实施提供了具体的指导。

2. 金斯伯格的职业生涯发展理论

美国著名职业指导专家金斯伯格是较早进行职业生涯发展阶段划分的学者，他认为职业生涯发展的各个阶段都有不同的特点和任务，各阶段的任务如果能够完成，就能达到各个阶段相应的目标；如果前一阶段的任务不能很好完成，就会影响下一阶段的职业成熟，最后导致在职业选择时发生障碍。他注重从职业生涯发展的角度研究人的职业行为，他的研究产生过广泛的影响。他将职业发展阶段划分为幻想期、尝试期和现实期。

（1）幻想期：指处于 11 岁之前的儿童时期

儿童对大千世界，特别是对于他们所看到或接触到的各类职业工作者充满了新奇、好玩的感觉。此时期职业需求的特点是：儿童单纯凭自己的兴趣爱好，不考虑自身的条件、能力水平和社会需要与机遇，完全处于幻想之中，这个阶段的个体希望快点长大成人，憧憬引人注目、令人激动的理想化职业。当然这种情感色彩很浓，带有鲜明的冲动性和盲目性，因而具有极大的不稳定性。

（2）尝试期（11～17 岁）：由少年儿向青年过渡的时期

这段时期人的心理和生理在迅速成长、发育和变化，有了独立意识，价值观念开始形成，知识和能力显著增长和增强，初步具备了社会生产和生活的经验。个体在该阶段的职业需求上呈现出的特点是形成了职业兴趣。

此外，他们还开始更客观地审视自身各方面的条件和能力，开始注意职业角色的社会地位、社会意义以及职业的社会需求等。这个阶段包括由兴趣、能力和价值观起主导作用的三个时期。

①兴趣期：十一二岁时，在考虑未来职业时，个人的兴趣占优。

②能力期：十三四岁时，个体逐渐认识到自己独立完成工作的能力与职业的关系。

③价值期：能力期之后，个体开始认识到职业的社会价值，并试着把自身的兴趣与能力统一到开始形成的价值体系中去。这是职业观形成的重要阶段。

（3）现实期：17 岁以后

在此阶段，个体所希望的职业不再模糊不清，已有具体的、现实的职业目标，开始寻找合适于自己的职业角色。职业需求方面表现出的最大特点是客观性和现实性，讲求实际，力求主观因素与客观因素协调统一。这个阶段也可分为三个时期：

①探索期:个体尝试把自己的选择与社会的需要联系起来。

②具体化期:此时职业目标已基本确定,个体开始为之努力。

③特定化期:为了实现既定的职业选择,个体准备考入高一级学校,或接受专业训练,准备就业。

金斯伯格的职业生涯发展理论,重点关注了职前生涯发展的不同阶段,也就是就业前人们职业意识或职业追求的变化和发展过程,但对于考察一生的生涯发展就显得很不够,过于简单。

3. 施恩的职业生发展理论

美国的施恩(E. H. Schein)教授根据人生不同年龄段面临的问题和不同年龄段就业的主要任务,将职业生涯分为九个阶段。在此需要指出的是,施恩基本是依照年龄增大的顺序来划分职业发展阶段的,此外,其阶段划分更多的是根据职业状态、任务、职业行为的重要性等因素。正因为施恩教授划分职业周期阶段是依据职业状态、职业行为和发展过程的重要性,又因为每人经历某一职业阶段的年龄不同,所以,他只给出了大致的年龄跨度,并在职业阶段所示的年龄上有所交叉。

(1)成长、幻想、探索阶段

0 ~21 岁的人处于这一职业发展阶段。此时的主要任务是发现和发展自己的需要和兴趣,发现和发展自己的能力和才干,为进行实际的职业选择打好基础。其具体内容包括学习职业方面的知识,寻找现实的角色模式,获取丰富信息,发现和发展自己的价值观、动机和抱负,作出合理的受教育决策以将幼年的职业幻想变为可操作的现实,接受教育和培训,开发工作世界中所需要的基本习惯和技能。在这一阶段,个体所充当的角色是学生、职业工作的候选人、申请者。

(2)查看工作阶段

16 ~25 岁的人处于这一阶段。首先,他们查看劳动力市场,谋取可能成为一种职业基础的第一项工作;其次,此时个人和雇主之间达成正式可行的契约,个人成为一个组织或一种职业的成员,充当的角色是应聘者、新学员。

(3)基础培训阶段

16 ~25 岁的人处于该阶段。与上一阶段不同,这一阶段的人要充当实习生、新手的角色。也就是说,他已经迈进职业或组织的大门,此时的主要任务是了解、熟悉组织,接受组织文化,融入工作群体,尽快取得组织成员资格,成为一名有效的成员,并且要适应日常的操作程序,开始工作。

(4)早期职业的正式成员资格阶段

17 ~30 岁的人处于此阶段。这一阶段的目标是取得组织新的正式成员资格,面临的主要任务是承担责任:一是成功地执行与第一次工作分配有关的任务;二是发展和展示自己的技能和专长,为提升或查看其他领域的横向职业成长打基础;三是根据自身才干和价值观，根据组织中的机会和约束，重估当初追求的职业，决定是留在这个组织或职业中还是在自己的需要、约束和机会之间找一种更好的配合。

(5)职业中期阶段

这一阶段，人的年龄一般在25岁以上，正处于职业中期。主要任务是选定一项专业或管理领域；保持技术竞争力，在自己选择的专业或管理领域内继续学习，力争成为一名专家或职业能手；承担较大责任，确立自己的地位；开发个人的长期职业计划。

(6)职业中期危险阶段

处于这一阶段的是35～45岁者。主要任务是现实地估价自己的进步、职业抱负及个人前途，就接受现状或者争取看得见的前途作出具体选择；建立与他人的良好关系。

(7)职业后期阶段

从40岁以后直到退休，都可说是处于职业后期阶段。此时的职业状况或任务是成为一名良师，学会发挥影响，指导、指挥别人，对他人承担责任；扩大、发展、深化技能，或者提高才干，以担负更大范围、更重大的责任；如果求安稳，就此停滞，则要接受和正视自己影响力和挑战能力的下降。

(8)衰退和离职阶段

一般在40岁之后到退休期间，不同的人会在不同的年龄衰退或离职。人们此时主要的职业任务是学会接受权力、责任、地位的下降；基于竞争力和进取心的下降，人们要学会接受和发展新的角色；评估自己的职业生涯，准备退休。

(9)离开组织或职业的退休阶段

一般，人们在退休以后，即在失去工作或离开组织角色之后，面临两大问题和任务：一是保持一种认同感，适应角色、生活方式和生活标准的急剧变化；二是保持一种自我价值观，运用自己积累的经验和智慧，以各种角色对他人进行帮助。

4. 高桥宪行的生涯发展理论

日本著名的生涯学家高桥宪行与众不同，他从一个独特的角度，即借鉴企业的“生命周期”来考虑一个人的职业发展。所谓企业的“生命周期”，就是指一般企业的寿命大致可分为5个阶段

(1)开发期

处于“开发期”的企业，发展刚起步，个体晋升的机会通常也较多，短时间内就可能升到较高的位置。但相对而言，由于企业基础尚不够稳，所以必须承受较大的经营风险。

(2)成长前期

处于“成长前期”的企业，个体升迁的机会也较多，但速度则略微慢一些。

(3)成长后期

处于"成长后期"的企业,制度、体系都已上了轨道,个体想在短期内获得升迁或加薪比较困难,一般的大企业多属于此阶段。

(4)成熟期

处于"成熟期"的企业,个体在其中的工作生涯可能很漫长、很辛苦,晋升的可能性也较小。

(5)衰退期

处于"衰退期"的企业,除非个体具有超凡的能力,可以使面临关门的企业起死回生,否则根本不需要考虑。

高桥宪行提出,如果大学毕业生不知道如何选择合适的企业,不妨依据企业的"生命周期"来考虑,建议他们可以在择业前先回答以下7个问题:

①我希望进入一家薪水普通但稳定性高的企业;

②我希望进入一家工作清闲又能兼职的企业;

③我希望进入一家以实力决定待遇的企业;

④为了自己将来创业方便,我希望进入一家能充分学习的企业;

⑤我希望进入一家环境安定、能从事新事业的开发、企划工作的企业;

⑥我希望进入一家能重用年轻人的企业;

⑦我希望做自己喜欢而且待遇又高的工作。

根据高桥宪行的分析,选择①的人,适合进入"成熟期"的企业;选择②的人,最好还是不要"脚踏两只船",不妨在本职工作之外,另外从事一些不太费时的投资;选择③的人,"成长前期"的企业最适合你;选择④的人,适合进入"开发期"或"成长前期"的企业,这样才有机会学到所有的实务;选择⑤的人,可以考虑"成熟期"企业中的企划或开发部门;选择⑥的人,这个愿望恐怕很难在企业中实现,但可以选择"开发期"或"成长前期"的企业;选择⑦的人,最好自行创业当老板。

5. 霍兰德的生涯发展理论

美国心理学家,职业指导专家霍兰德(John Holland)创建的类型学理论(也称人格－职业匹配理论)是目前应用最为广泛、最为简便的生涯发展理论之一,也是对我国影响最大的一种生涯发展理论。霍兰德认为,职业是人格的延伸,因此生涯选择是个人人格在工作世界中的表露。他从1959年起经过多次大规模的实验研究,发现个人的遗传因素和生活经历等形成了个人独特的人格,而个体所选择的生涯发展方向必须符合这种人格,才能最好地发挥潜能。他认为,大多数人的职业兴趣可以归纳为六种类型:实用型(R)、研究型(I)、艺术型(A)、社会型(S)、企业型(E)和事务型(C)。职业环境也可以分成相应的同样名称的六大类。某一类型的职业通常会吸引具有相同人格特质的人,这种人格特质反映在职业上,就是职业兴趣。人格与职业环境的匹配是形成职业满意度和成就感的基础。人们会寻找适合自己的职业环境来充分发挥自己的能力、价值，表达自己的态度并承担问题和责任。霍兰德指出个人的职业兴趣往往是多方面的，很少只是集中在某一种类型上，因此，为了比较全面地描绘个人的职业兴趣通常用三个字母（代表三种兴趣类型）的代码来表示一个人的职业兴趣，这个代码就称为“霍兰德代码”。这三个字母之间的顺序表示不同类型兴趣的强弱程度的不同。例如，SAI 和 AIS 的人，具有相似的兴趣，但是他们对同一类型事务的兴趣强弱程度是不同的。

霍兰德认为同一职业群体的人有相似的人格特质，因此对情境和问题会有类似的反应，从而产生特定的职业氛围亦即职业环境，它具有特定的价值观念、态度倾向和行为模式。因此霍兰将工作环境和氛围分为六种类型，其名称及性质与人格类型的分类一致。人们都会尽量寻找那些运用自己的技术、体现自己的价值和能力，扮演令自己愉快的角色的职业，如一个实用型的人会尽力去寻找实用型的职业。一个特定的职业场所的工作氛围可以通过对其工作人员的工作、训练类型或职业偏好进行分类而获得。具体职业通常也采用上述三个字母代码的方式来描述其工作性质和职业氛围。例如，建筑师这一职业的代码是 AIR，意味着该职业的艺术型成分更多一些，研究型其次，而实用型更少，该字母代码同样也可能说明建筑师这一职业在社会型、企业型和事务型方面影响较少。在霍兰德理论中，最理想的职业应该符合以下三个特点：

①一致性，即人格代码距离越近越好；

②分化性，即某人在六种类型上的表现大致相同；

③身份认定，即对自己的兴趣、目标以及天分具有明确而稳定的概念。

符合这三个特点的个人如果能够顺利选择与此相符的职业环境，即个人与职业的适配性较高时，那么他未来的职业绩效、坚持度、工作满意度以及稳定度就会大为提高。

目前，我国的高校大学生就业指导工作还处在起步阶段。我国由于长期实行统包统配的就业制度，高校的大学生就业指导一直没有发挥太大的作用，相应的研究开展也比较晚，没有受到应有的重视。直到 20 世纪 90 年代初期，随着高校就业分配体制的改革，高校大学生就业指导的重要性日益显现，才开始有许多专家学者来关注大学生的就业问题，高校的大学生就业指导工作者，也从不同的角度、不同的方面对如何进行大学生的就业指导工作提出了很多的建议和对策。在借鉴国外经验的过程中，了解这些理论和实践对我国的高校大学生就业指导工作有着积极的意义。

三、高校大学生就业指导的基本功能和主要内容

（一）高校大学生就业指导的概念

就业指导就其概念，人们通常理解为就是帮助择业者根据个人的生理、心理特点，选择适合于自己的职业的过程。对这一解释的理解又有狭义和广义之分。从狭义上来说，把就业指导理解为是择业期的选择过程；而广义上是择业的准备过程和选择过程，其中，准备过程更为重要。随着时代的发展，人们对就业指导的认识不断深化，加之心理学理论的发展，到20世纪60年代初，人们才逐渐认识到大学生选择职业是一个发展的过程，而不是毕业时的临时性选择。同时，高校大学生就业指导也是指导学生生计发展的过程。因此，英国等西方国家和东欧的一些国家在20世纪60年代初期把高校大学生就业指导列入了正式的教育教学计划。

在我国，高校大学生的就业指导被界定为："为帮助大学毕业生根据自身特点和社会职业的要求，选择最能发挥自己才能的职业，全面、迅速、有效地与工作位结合，实现自己的人生价值和社会价值而进行的工作。"大学毕业生是社会新增劳动力的重要组成部分，无论从社会需求还是岗位要求的角度，均有必要开展就业指导工作。我国教育部在《关于进一步深化普通高等学校毕业生就业制度改革有关问题意见》中指出，高校的就业指导工作对毕业生能否在毕业后顺利就业及以后的发展和提高，对高等教育的体制改革及社会人才资源的合理配置，都具有十分重要的意义。

（二）高校大学生就业指导工作的基本功能

1. 管理功能

对外，代表学校与政府、企业、人才市场进行联络和沟通，为"双向选择"搭建平台；对内，建设并管理就业指导工作队伍，培养专业化、职业化就业指导师及后备人才。

2. 服务功能

其主要的服务对象为在校大学生。服务的主要内容是：提供系统的课程培训、专业化测评、咨询和辅导；创建专业化就业市场，畅通就业渠道，提供供需信息服务与咨询；办理各种就业手续；同时也将扩展到企业和社会求职人员，即为企业人才的选拔提供咨询，为社会求职人员提供指导、测评、培训和咨询。

3. 教育功能

其主要工作对象是在校大学生，主要负责对大学生进行取业观、成才观、就业观和思想道德教育，引导大学生正确处理国家需要与个人利益之间的关系，把个人的理想抱负与国家兴旺、社会发展有机地结合，合理定位目标，自觉履行自己的权利和义务。

4. 研究功能

跟踪调查毕业生就业状况和社会对毕业生的评价及要求，及时了解、掌握职业和职场的发展动态，研究分析预测就业市场的趋势和职业发展，为学校专业设置、课程设置和培养计划的制订与实施提供参考依据。

（三）高校大学生就业指导工作的主要内容

1. 择业观指导

择业，即挑选和选择职业。大学生的择业观是指大学生在择业过程中对选择某种社会职业的认知、态度、方法和心理导向的基本观点，是大学生世界观、人生观、价值观在就业上的反映，它影响着大学生择业行为的产生。职业的选择，无论对个人的生存还是社会的发展，都具有十分重要的作用。每个人都有着对良好职业的渴望，从总体看，当前大学生的择业观的积极因素是主要的。对大学生择业观的指导，能帮助大学生正确认识自身价值，明确社会需要，树立服从社会需求才可能实现自己人生价值的意识；能帮助他们认清个人利益、地位、名誉、专业和奉献之间的关系；还能帮助他们分析社会职业的状况，寻找成才的途径，使大学生真正理解要成就一番事业必须从具体的工作扎扎实实做起这一事实。

2. 就业方针、政策指导

大学生就业过程中的思想问题往往与没有很好地了解国家的方针政策有关，因此在大学生择业前，必须对大学生全面宣讲国家就业的方针和政策。帮助大学生澄清模糊认识，使他们理解“双向选择”不等同于“自由择业”，让他们明确大学生、学校和用人单位的权利、责任和义务。

3. 就业信息指导

就业信息是指通过各种媒介传递的有关就业方面的消息和情况。为杜绝或减少大学生在收集信息、加工信息和反馈信息方面存在的问题，对大学生进行就业信息的指导必不可少：要引导大学生摸清就业信息的来源、渠道以及准确程度，学会全面、准确地收集信息；要帮防他们学会筛选信息，因为就业信息具有较强的时效性，引导大学生及时对信息做出反馈。

4. 择业技巧指导

谋职是大学毕业生向社会推销自己的过程，在这个过程中，就业技巧十分重要，是求职成功的关键之一。因此，工作者要指导大学毕业生做好求职资料准备，介绍求职程序；还要指导他们掌握必要的公共关系知识，使他们学会自荐，掌握谈话技巧，从而给用人单位留下良好的第一印象。

5. 就业心理指导

有调查数据显示，随着竞争的日趋激烈，大学生的心理问题近年来呈上升趋势。在就业形势严峻、竞争对手众多的情况下，工作者应运用心理学的原理和方法，指导大学生学会排除心理干扰，克服盲目自信、自卑畏怯、依赖等待、急功近利等心理障碍；帮助大学生建立起既具有远大理想又必须艰苦创业的心理准备，积极地面对现实、适应社会；指导他们避免择业过程中的盲目性、无序性和从众性；指导他们在择业时不应过分看重报酬、地域和行业，不应过分注重职业能否符合自己的兴趣爱好，而忽视当代大学生应尽的社会责任。这是一项非常必要且需要耐心细致的工作。

第二节 高校大学生就业指导的理论基础

一、高校大学生就业指导必须遵循马克思主义关于人的全面发展的学说

高校大学生就业指导的最终目的与高校的教育目的是一致的，即为大学生的全面发展奠定良好的基础、为社会造就全面发展的人才。人的全面发展包括人的需要的全面发展、人的素质的全面发展和人的本质的全面发展，归根到底是由人的本质的全面发展所决定的。

马克思关于人的全面发展学说的论述为我们在新时期开展就业指导指明了方向，马克思在《1884 年经济学哲学手稿》中论证了人的全面发展是人的全面、自由、和谐的发展。人的全面发展首先是人的各种能力的充分发展，使社会全体成员的才能得全面发展。其次是人的社会关系的全面丰富。马克思认为，“社会关系实上决定着一个人能够发展到什么程度”“只有在集体中，个人才能获得全面发展其才能的手段，也就是说，只有在集体中才可能有个人的自由”，意即人的全面发展只有在社会关系中才能实现。再次是人的个性的全面发展，马克思指出，个性的充分发展就是“一切天赋得到充分发展”，人的全面发展的本质在于人的社会属性和社会关系、社会性需求和精神需要、社会素质和能力素质的全面发展。

马克思主义创始人虽然未能给我们留下一个完整的关于人的全面发展学说的确切定义，但是我们在探讨其历史根源时可以看到：

首先，此学说是针对人的片面发展日益加剧的严峻事实，为寻找解决这一问题的根本出路提出来的，其目的在于实现“人性复归”，达到人对自己本质的真正占有。因此，人的全面发展的第一层含义，指的是人的身心素质的全面发展。

其次，此学说主张的并不只是人的全面发展的一般水平，它特别强调“人的自由发展”“人的充分发展”，以便能培养和造就出“各方面都有能力的人”“通晓整个生产系统的人”。因此，人的全面发展的第二层含义，指的是人的各种能力的充分

发展。

再次,此学说关心的不只是少数人的全面与充分发展,而是全体社会成员的全面与充分发展。马克思说:“当社会成为全部生产资料的主人,可以按照社会计划来利用这些生产资料的时候,社会就消灭了人直到现在受他们自己的生产资料奴役的状况……生产劳动给每一个人提供全面发展和表现自己全部的体力和脑力的机会。”所以,人的全面发展的第三层含义,是强调个人能力与全体社会成员能力的统一发展。

由此可见,马克思主义的全面发展的含义,指的是人的身心素质的全面发展、人的各种能力的充分发展以及个人能力与全体社会成员能力的统一发展。它的最终目的不只是实现个人的全面发展,而是为了解放全人类,从而使社会的每一个人都能够得到全面、充分和统一的发展。

对于实现人的全面发展的途径,马克思在关于人的全面发展学说中论述了三条:一是改变生产资料的私人占有制形式;二是对社会上的每一个人实施有利于促进身心全面发展的教育;三是实行教育与生产劳动相结合。这不仅是提高社会生产的一种方法,也是造就全面发展的人的唯一方法。就业指导是实现教育与生产劳动相结合的一个重要桥梁,因此,就业指导应该成为造就全面发展的人的一个重要途径。将就业指导的最终目的确定为培养全面发展的个人,能较好地避免爱因斯坦所说的那种“对伦理价值的损害”。爱因斯坦强调:“青年人离开学校时,应该是作为一个和谐发展的人,而不只是一位专家。否则,他连同他的专业知识就像一只受过训练的狗。”就业指导不应该仅仅着眼于培养职业技术方面的专家,更应该让学生作为一个全面发展的人离开学校,或者为学生的全面发展奠定良好的基础。

教育是造就全面发展的人的唯一方法。邓小平同志也指出:我们有一个共同的任务,就是培养有理想、有纪律、有道德、有文化的一代新人。就业指导是促进大学生全面发展的重要途径,它要以马克思主义关于人的全面发展的学说为指导,要站在促进人的全面发展的高度对待就业指导工作。人的全面发展必然促进社会的发展,二者的辩证关系主要表现在两个方面:一方面人的发展与社会发展互为前提和目的,离开人的发展就谈不上社会的发展;另一方面社会发展也为人的发展提供条件和手段,没有社会各方面的不断进步和发展,人的发展就只能是一句空话;另一方面,人的发展与社会发展相互促进、共同发展。正如马克思和恩格斯在《共产党宣言》中指出的那样:“在共产主义社会中,每个人的自由发展是一切自由发展的条件”。

马克思主义关于人的全面发展学说为构建全程化生涯规划就业指导奠定了理论基础,也为高校学习就业指导工作明确了意义、指明了方向。

高校大学生就业指导的意义有三个:一是要求人的全面发展、社会的全面发展就必须重视大学生的就业指导工作；二是高等教育体制的改革，尤其是毕业生就业制度的改革要求高等学校深入地、长期地开展就业指导和相关服务工作；三是当代社会职业发展的趋势要求高等学校将就业指导的重点转向培养学生的职业决策能力和综合素质。

把马克思主义关于人的全面发展学说应用到高校大学生就业指导领域，必须做到以下几点：一是把就业指导贯穿于整个大学生涯的动态过程，而非毕业时静态的人职匹配；二是就业指导的根本目的在于促进大学生个体全面自由的发展，重视在人性提升基础上的能力发展，即个性的全面和谐发展；三是就业指导要充分重视大学生的个体差异，培养有个性的全面发展的人才，将个体作为有个性的个人与他人区别开，自由地按自己的目的和意志来充分表现自身的个性魅力，从表明个性向完整人性发展，达到主体意识的境界，这也是我们全面发展的更高含义；四是高校大学生就业指导立足于高等学校，但可以通过培养大学生的创业意识和创业能力，肩负起对社会的更大的责任。在就业指导中提倡创新、创业，也正是人作为就业主体的多样性和个性得到了尊重和强调的表现。

总之，高校大学生就业指导模式是以马克思主义关于人的全面发展学说为指导，以提升大学生的能力和素质为基础，在发展大学生能力和素质的过程中应充分体现其主体性，使能力的发展和素质的提升转变为个体自身发展的需要，而不仅仅是就业的需要。所以就业指导的最终目的在于：在满足大学生就业需要的基础上，帮助大学生向更高层次发展，做一个和谐的、全面发展的人。

二、高校大学生就业指导必须遵循教育的基本规律

教育规律是教育现象与其他社会现象及教育现象内部各个要素之间的本质的、内在的、必然的联系或关系。教育的基本规律是教育与社会发展之间的矛盾和关系及教育与人的身心发展之间的矛盾和关系。

教育与社会发展的关系主要反映在教育与社会政治经济制度的关系。社会政治经济制度决定着教育的性质、目的、领导权和受教育权，以及教育的结构、类型和管理体制，教育又反过来影响、制约着社会政治经济制度。教育与社会发展相互制约、相互促进，教育与生产力相互制约、相互促进，教育与社会政治经济相互制约、相互促进。教育与人的身心发展之间也是相互制约和相互促进与发展的。人的身心发展是指人的身体的发展、知识技能的获得、思想品德的形成、审美情操的陶冶，也就是德、智、体、美、劳几方面的发展。

教育在人的发展中起着主导作用，具体表现为以下三点。

（1）学校教育具有明确的目的性和方向性，是专门培养人的活动。它按一定方向，选择适当内容，采取有效方法，利用集中的时间，对人进行系统的教育和训

练，使人获得比较系统的文化科学知识和技能，形成一定的世界观和道德品质。

(2)学校教育具有较强的计划性、连续性和系统性。它按照人生长发展的自然规律制定相应的教育内容、教育时间、教育规划，从各个方面对学生进行教育和培养，这就保证了人才培养的高质量和高效率。

(3)学校教育具有高度的组织性。这对年青一代身心发展的作用和影响，比其他任何社会生活条件都大得多，有效得多。

教育与人的身心发展的关系是辩证的：一方面教育促进人的发展，人的发展依赖于教育；另一方面，教育作用的发挥又受人的身心发展状况的制约。要使教育真正发挥其主导作用，就必须根据人的身心发展规律进行：一是要适应人的发展的顺序性和阶段性；二是要适应人的发展的不均衡性；三是要适应人的发展的稳定性和可变性；四是要适应人的发展的个别差异性。

由此可见，教育必须既适应和促进社会的发展，又适应和促进学生身心的全面发展。而就业指导作为大学教育的重要内容，在实施过程中，必须遵循教育的基本规律，必须与教育的目的相一致，才能适应社会，促进社会的发展，促进学生身心的全面发展，为社会输送有用的人才。

第二章　我国高校大学生就业指导工作的现状

第一节　我国高校大学生就业指导工作的现状

客观地说，随着我国大学生就业压力的增加和整个社会对就业认识的提升，政府、社会和高校对大学生就业指导工作的认识提高到了一个前所未有的高度，即思想上越来越重视，观念上越来越更新，研究上越来越深入，投入上越来越加大，政策上越来越支持。从而在指导大学生科学就业、缓解大学生就业压力上的效果也越来越明显。

但是，我们也必须清醒地认识到，当前我国大学生就业指导工作还很滞后，在实际操作中存在诸多问题。由于缺乏对就业工作的全局考虑和总体安排，目前高等院校开展的就业指导大多功能单一，内容狭窄，仅限于思想教育、政策指导、信息指导、技巧指导层面，在对学生的个性塑造、潜能开发、创业创新能力的培养、就业观念和价值取向的引导、职业判断和选择能力的培养与测试、职业生涯规划以及职业道德教育等方面着力较少。这种状态与现代的科学发展观指导思想不相符，距离适应社会经济发展和满足学生的需求还存在很大差距。

一、就业指导目标不明确，使得大学生就业观念存在误区

就业目标既是就业指导工作的出发点，又是就业指导工作的最终目标。虽然就业指导日益受到社会，尤其是高等院校及大学生的重视和关注，但由于这项工作起步晚并缺乏必要的理论研究，一直未能确立明确的指导目标。大多数从事就业指导的教师只是在认识上确立了就业指导是为了促进大学生就业服务这一现实动机，缺乏对就业指导目标的深层思考。这种认识造成了大学生就业指导人员和接受就业指导的大学生都把顺利就业、提高毕业生一次就业率看作唯一目的，短视心理、短期行为严重，重服务、轻教育的观点和做法是普遍现象。

高校过于强调就业指导的实用性和专门的服务功能，如信息服务、技巧培训、方法指导及就业形势的一般介绍和就业政策、规定的解释等，忽略了对大学生进行

就业思想教育，如怎样树立正确的人生观、价值观、择业观，如何转变就业观念、端正就业态度、调整就业期望值，如何进行思想道德教育、职业道德教育以及创业教育等等。这种缺少明确目标的就业指导，一方面会使就业指导工作者相当一部分精力，时间放在应付行政事务工作上，不能科学地、系统地、全程化地对大学生进行就业指导；另一方面会导致大学生对待自己的个人潜力和未来社会发展没有科学理性的认识，必然会出现岗位需求和人才流向不和谐的状态。

二、就业指导工作对象范围狭窄，内容简单，形式单一，缺乏连贯性

目前，大学的就业指导对象主要是应届毕业生，存在就业指导对象范围狭窄的误区，很多高等学校认为只有毕业生才应该接受就业指导，其他在校学生没有必要接受就业指导。这种观点严重忽略了大学生就业指导是一个全程化的指导过程，这一工作要从大学生入学开始，并要贯穿到整个大学教育的全过程，因为大学生从一入校门就会自觉不自觉地受到就业压力的影响，这种影响是内在的，如果不注意积极引导，科学规划，势必影响学生一生的发展。

现在高等学校开展的就业指导工作主要是以讲授就业基本知识为主，采用教与学、讲与听的形式来帮助解决大学生就业中遇到的问题，而忽略了多种形式相结合的途径，例如就业指导课、专题讲座、个别咨询、毕业生动员会、就业形势报告以及带领学生进行实地参观考察等多种形式，让学生既有理论指导，又有实际体验，会增强就业指导的效果。

现在的大学生就业指导，往往只对即将毕业的学生群体，进行季节性的指导，缺乏连贯性。而现实中每个学生将来从事什么样的职业、选择什么样的工作，并不是在他毕业时才确定的，而是在他考入大学时就已经确定了职业基本方向，具备了择业的雏形。就业指导工作也应该注意连贯性，注意根据不同年级，设计不同的就业指导内容和形式，使就业指导工作有的放矢，实现其指导功能。

三、就业指导教学力量薄弱，难以适应就业形势、就业市场的需要

就业指导教学的薄弱点主要有四个。

（1）就业指导课与专业课相比，重要性明显不足，课程设置有待进一步调整。现阶段，绝大多数高校都能够在教学计划中安排就业指导课程，有的学校开设了必修课，有的学校开设了选修课，有的学校只安排毕业班的一般讲座，从课时上来看，普遍的特点是学时少，学生甚至老师不重视，教学安排不够科学、严谨，教学目的难以实现。

（2）就业指导教材薄弱，没有形成完整的理论体系。就业指导所选用的教材不规范，目前尚没有权威的教材版本，许多高校都采用自编的教材，尽管自编教材

融合了本校的特点和实际情况，但是从科学性和规范性来看，无法形成完整的理论体系。尤其是就业指导中的实践环节，缺少可操作性的指导，在就业指导的实践经验和具体技能方面问题显得更为突出，难以适应就业形势和就业任务的需要，难以满足大学生择业、就业的实践需要。

(3)部分就业指导教师教学水平欠缺，不利于调动学生上课积极性，影响教学效果。从事就业指导第一线的教师，兼职较多，专职极少，多数是有实践经验，但缺少理论指导的行政人员和辅导员。再有就是缺乏实践经验，经过简单培训就直接进入教学队伍中的新手，他们缺乏调查研究和实际经验，对就业形势的预测和理论研究就显得格外薄弱。这样两极分化的师资队伍，可导致两种结果：一是理论水平无法提高，对于社会现象、敏感问题、热门话题不能从理论上给予解答，说服力不强，导致学生认识水平无法提高；二是实践经验不足，不能够帮助学生总结经验和教训，无法帮助学生做好进入人才市场的心理准备，导致学生严重缺乏就业和创业的勇气和信心。

(4)就业指导工作缺人、缺财、缺物，学校在这方面缺少投入，导致就业指导人才匮乏、经费不足、场地紧张，很多工作开展不起来，很多活动无法进行。高等学校应该把就业指导工作提高到关系学校发展甚至存亡的高度上去认识，把毕业生就业率当成一个重要的指标来衡量学校的办学水平，逐步构建就业指导的科学规范体系，充分发挥就业指导机构、就业指导教学在大学生就业中的重要作用。尤其是在机构设置、人员配备、经费保障等方面，能够从学校的实际出发，给予特殊的扶持和鼓励，这样才能保障就业指导工作扎实有效地进行。

第二节　高校大学生就业指导工作存在的问题

通过对我国就业指导工作的现状分析，综合与国外的就业指导工作状况的比较，可以看出，我国的大学生就业指导工作主要存在以下几个问题。

一、对大学生就业指导工作重视不足

应该说以就业为导向应是高等院校的办学理念，但在实际办学过程中，学校往往存在重招生、教学而轻就业的现象。学校常把招生作为学校生存和发展的基础，而对毕业生就业却重视不够，甚至采取“放羊式”的管理方式。再者，虽然各高校相继成立了毕业生就业指导中心，但普遍存在着人员编制少、就业经费无保障、办公条件差、缺少就业专用场地等问题。由此反映出高等院校对大学生就业指导工作认识和重视程度还存在不足。

二、就业指导以宏观调控为主，计划与市场相结合

目前，我国高校毕业生就业实行在国家就业方针政策指导下，由高校和政府推荐，毕业生在一定范围内双向选择、自主择业的制度。对在双选中落实了就业单位的毕业生，国家负责安排派遣；对在双选中未落实就业单位的毕业生，派回生源所在区县，由区县政府安排就业。由此可见，政府对高校毕业生就业工作所采取的宏观调控手段，既具有市场经济的特征，又具有计划经济的特征。然而，目前大学生的就业形势日益严峻，大学生的就业问题已成为严重的社会问题。眼下，高等院校一般只设就业指导中心负责全校学生的就业指导工作，缺乏政府及社会的有力支撑，使大学生就业指导工作力不从心。

三、就业指导内容简单，形式单一，覆盖面狭窄

我国大学生就业指导内容仅限于讲授就业基本知识，采用教与学、讲与听相结合的形式来帮助大学生解决就业中遇到的问题，而忽略了多种形式相结合的途径。从形式上看，灌输多，互动少，缺乏个性化指导。我国高校传统的就业指导服务主要侧重于高年级。据对北京几所高等院校的就业指导调查显示，绝大多数高校的就业指导对象集中在毕业年级，将低年级学生列为指导对象的相对较少。因为人们在认识上存在这样一个误区，认为只有毕业生才有必要接受就业指导，其他在校学生没有必要进行这项工作。

四、就业指导队伍综合素质不高，专职人员较少

与国外相比，我国高等院校就业指导工作人员学历不高，专业不精，参加就业指导培训的机会少，因而对就业指导发挥的作用不大。加之就业指导人员一般还从事毕业生就业管理工作，负责就业工作的专职人员与毕业生的比例多在1∶700以上。我国复杂的户籍制度及人事管理制度使得就业管理的事务工作较多，如协议书盖章、就业报到证的办理、毕业生档案的寄发、学生户口的迁移等。就业指导人员每天疲于应付用人单位和学生，根本无暇深入研究和全面指导，也很难主动联络和开拓市场，更难开展个性化服务。

总之，我国的大学生就业指导工作有待于加强，作为政府和高校应该更新观念，加强重视，加大投入，把我国的大学生就业指导工作真正落到实处，以缓解目前严峻的就业形势。

第三章　国外高校大学生就业指导的经验及借鉴

自20世纪70年代开始,西方发达国家的高等教育逐步实现从精英化向大众化的演变,随之也出现了大学生就业难的问题,就业指导的重要性也显现出来。经过几十年的摸索与发展,这些国家已经建立起了较为完善的、行之有效的就业运作模式,积累了丰富的经验和做法。借鉴和学习西方发达国家在就业指导方面的成功经验和科学方法,对于正处于开创、摸索阶段的我国的高校大学生就业指导工作,具有非常积极的意义。

第一节　美国高校大学生就业指导的经验及借鉴

美国是世界上最早开展就业指导的国家,1908 年,美国波士顿大学教授弗兰克·帕森斯第一次提出"职业指导"这一术语。1913 年成立了国家职业指导协会,1915 年美国教育办公室出版第一本就业指导刊物《职业指导学报》(后来更名为《职业——职业指导期刊》)。1921 年,美国职业指导协会创办《职业指导的原则与实践》。1939 年,《职业名称词典》出版。20 世纪 40 年代末,成立美国人事指导协会,1951 年更名为美国咨询协会。国家职业指导协会的会刊更名为《人事指导期刊》,成为美国人事指导协会的会刊。1952 年,国家职业指导协会创建了自己的新会刊——《职业指导季刊》。20 世纪 60 年代初期,就业指导被正式列入教学计划,从此贯穿于整个大学教育过程。

发展至今,美国高校的职业指导工作不论是在理论指导、机构设置、人员素质、指导内容与渠道,还是在与职业界、当地社区的联系方面,都形成了一套极为实用的制度,实现了信息提供、面谈与课程教学相结合的就业指导体系。

美国是一个市场化程度高度发达的国家,其高等教育特色明显。美国大学生就业依照市场规律运行,实行自主择业。美国没有专门的大学生就业市场,政府部门中也没有专门的、独立的管理高校毕业生就业工作的机构。政府只是把大学毕业生看作整个社会就业市场的一部分,对其就业不直接干预和限制。长期以来,美国以政府、高校、中介机构和用人单位为主体的高校大学生就业指导体系，为大学生提供了内容全面和形式多样的就业指导和服务。

高校虽然对大学生就业不承担责任，但大学生就业情况直接影响着学校的声誉和学校的评估排名，甚至影响学校的招生人数、生源质量和报考的冷热程度，而招生的“行情”又关系到学校学费、社会捐助等经费的多少。因此，美国高校非常重视对大学生的就业指导。此外，高校以董事会管理为主，非常重视与职业界的联系，注重及时根据社会需求更新、修改课程设置，在大学生就业方面已有了比较成熟的体系。

一、美国大学生就业指导工作的现状及特点

美国实行的是以生涯发展为核心的就业指导模式。这种模式把就业指导定位为整个人生的职业活动，通过咨询以帮助学生认识自我、发展并接受自我形象，在未来的工作中，通过满足社会需要来展示自我，以求得自我的发展与完善。

（一）健全的大学生就业指导机构

美国对大学生的就业指导机构分几类：在政府系统，联邦一级有教育总署的指导与人事服务司主管；州一级有相应的州与地方学校的指导及人事服务处负责；在议会系统，设有国家情报协调委员会，各州相应设有职业情报协调委员会；在社会方面，设有全国性的职业指导组织，起初为“国家职业指导协会”，后与其他几个协会合并为“美国人事与指导协会”，下设 6 个协会组织，社会上还有各种协调机构，如各地的职业教育顾问委员会，工业、教育、劳工机构共同承担大学生职业指导工作；高校则一般都设有提供专门服务和实施必要管理的机构——毕业生就业指导中心（也称“毕业生就业规划安置中心”“职业规划介绍中心”“合作教育与职业介绍服务部”或“大学生就业服务中心”等），它是学校的一个常设机构，在大学内处于中心地位，一般由分管学生事务的副校长直接负责。该机构设有中心主任、就业顾问、就业主管、对外联络员、秘书等岗位。除配备较多的专职人员外，还配备了讲授就业指导课的专职教师，一般都配有十余人到几十人不等的专兼职人员，具有与学校规模发展相适应的管理队伍，大致占在校生人数的 1%。健全的指导机构使得每个大学毕业生都能得到充分的就业指导。

在整个学校的运行中，美国高校的职业指导工作与招生、教学和科研紧密联系。美国在对高校的评估中，将职业指导工作作为评估指标之一，三个月后毕业生一次就业率、雇主对毕业生的满意度和毕业生的工资收入水平等都是非常重要的指标，其高低直接影响学校在全美高校的排名。由于就业率是衡量高校办学水平的重要指标，毕业生就业的情况直接关系到学校的生存与发展，因此它在高校整个

运行体系中处于中心或先导的地位。毕业生就业情况会直接影响学校的招生人数与质量、专业设置、政府拨款与社会捐助。

美国高校对就业指导机构的经费和办公设备投入较多。经费来源主要是学校按学生经费的5%（约占总经费的60%）拨给和社会捐赠（约占总经费的40%）。另外，美国高校非常重视校友工作，校友捐赠是学校经费的重要来源。就业指导机构规模都比较大，一般都有十几个到几十个专门办公室，有的甚至占据整栋大楼，场地、经费、设备和图书资料等都有保障。就业指导机构特别重视职业资料的收集与整理，建有供学生查询职业资料的图书馆，收集来的图书资料分门别类放置有序，全部开架阅览。职业中心设备配备精良，电视机、复印机、投影仪、可视电话、传真机及大量配置先进的计算机一应俱全。学生在职业中心工作人员的指导下既能查询资料、咨询问题、编写自己的求职信，还能利用各种设备与用人单位联系。例如洛杉矶加州大学毕业指导中心每年经费高达150万美元，供招聘单位与大学生面谈的洽谈室就有13个，免费提供各种媒介和途径让大学生能了解各种信息情况，计算机房有几十台电脑供大学生随时查询需求信息，充足的经费保证了指导中心的正常运作。

（二）专业的高校大学生就业指导人员

美国促进高等教育标准化委员会（Council for the Advancement of Standards in Higher Education，CAS）对职业指导中心工作人员的要求为：专职人员应有与其职位相关的学历或与教育有关的学历背景和工作经验；一般工作人员也应该有相关的学习背景和工作经验，并需进行个别培训和接受专业人员的督导；对学生职员和志愿者要进行认真筛选、培训、监督和评价。因此，美国高校对就业指导服务人员的素质要求一般都很高，中心主任一般要求具有辅导学、咨询学、高等教育学硕士或博士学位，就业顾问一般要求具有心理学硕士或博士学位，专职工作人员也需要获得辅导学、咨询学等硕士学位，其他工作人员一般要具有学士学位。同时这些工作人员还要具备介绍工作、推荐人员和统计信息等专业技能，还要有良好的人际交往能力和高度的责任心。所有就业辅导人员都要经过考试达标才能上岗。另外，他们一般要求这些工作人员有从商或从教的经历等。如美国哥伦比亚大学有此类专职人员20名，另有27名临时工作人员。加州州立大学就业指导咨询服务中心编制9人，另聘学生30人，每个学生每周在此工作不少于20小时。马里兰大学就业发展中心有23名全职人员，另有5名退休人员留用，25～30名学生在此打工，还有9名兼职人员帮助工作。高素质的就业辅导人员在某种程度上保证了大学生就业服务工作的科学性和专业性。

在美国，要成为一个专业的职业指导员，必须具备十个方面的能力和学识。

(1)职业发展理论:该理论基础和知识是专业人员进行职业指导和发展的基本素质要求。

(2)个人和群体指导技能:个人和群体指导能力是有效进行职业指导的必要条件。

(3)个人和群体评估:个人和群体的评估能力是专业指导员进行职业指导的必要条件。

(4)信息和资源:信息和资源基础与知识是专业人员进行职业指导的必要条件。

(5)项目管理和实施:这是在不同环境下对综合性职业发展项目进行开发、计划实施和管理的必备技能。

(6)咨询:使个人和组织能够有效影响职业指导和发展过程的基本知识和技能。

(7)特殊群体指导:指向特殊群体提供职业指导和发展过程指导的基本知识和技能。

(8)监督:能够准确地评估职业指导员的工作,能够维持提高专业技能,在必要时为他人寻求职业指导方面的帮助。

(9)道德和法律:这是指在进行职业指导中,处理道德和法律问题的信息基础和知识。

(10)研究和评价:这是指在职业指导和发展方面理解并进行研究和评价的基本知识和技能。

美国大学生就业指导人员队伍建设呈现四个特点。

(1)美国高校大学生就业指导人员呈现出职业化、专业化、高素质的特点。就业指导中心主任一般具有辅导学、咨询学、高等教育学硕士或博士学位,负责学生心理测试、能力评估、求职咨询等工作的就业顾问,一般也具有心理学硕士学位或博士学位,其他人员也需获得学士学位。

(2)所有的就业指导人员要有培训资格证书,并经过考试达标才能上岗。

(3)就业指导人员有明确的岗位分工,设有中心主任、就业顾问、就业主管、对外联络员、秘书等。

(4)就业指导队伍配备足量的专职和兼职人员。一般根据大学生规模有十余人到四十余人,就业专职人员与大学毕业生的比例多在1:200左右,这一比例使得每个毕业生都能得到一对一的就业指导。

(三)成熟的高校大学生就业指导体系

美国的高校大学生就业指导有一套严密的体系,贯穿整个大学教育过程,就业指导工作与教学紧密结合在一起。大学生一入学，学校就在选择专业和课程方面给大学生以指导。从第一学年开始，就对大学生进行职业教育，帮助大学生了解就业市场的状况；帮助大学生发现和了解自己的特性、兴趣和专长，参加相关活动，最终选择好专业；帮助大学生收集雇主资料和市场需求，参加社会实践，使大学生对选择职业有直接感受。高年级时又提供就业信息服务和技巧训练，通过就业辅导课的讲授帮助大学生及时了解职业市场的变化，提高大学生的职业兴趣和职业定向意识，引导他们如何对自己进行评价，通过自我评价确定适合的职业种类；教给大学生如何面谈，熟悉社交、礼仪、服饰等求职技巧，如何撰写简历和求职信，怎样获取工作机会和信息，怎样与用人单位就工资待遇问题谈判，怎样表示接受或拒绝用人单位的招聘，如何签约等；到毕业后的很长时间仍持续给予服务。这种就业指导不仅注重社会对大学生能力的要求，还考虑到了大学生个人的职业兴趣和职业潜力。

（四）系统而全面的高校大学生就业指导内容

美国促进高等教育标准化委员会在2003年的标准和指南中，规定了各高校就业指导工作的基本内容，包括职业课程、人才市场、计算机职业指导项目、咨询和证书服务、就业信息公告、专业教师和部门项目、实习、面试和求职活动、校内外工作岗位、资金咨询服务和简历撰写服务等。

美国高校大学生就业指导工作的内容主要包括以下几个方面。

1. 大学生自我评价、专业定向和择业目标指导

就业指导工作应帮助学生了解工作境况，了解自己的特性、兴趣、专长。大学生自入学起，就业中心就通过心理测试等方法了解大学生个性心理倾向，帮助大学生对自身的性格、兴趣、爱好和能力作出评价，使大学生在自我评价的基础上进行专业和职业定向，这在美国高校大学生就业指导中心是最常用和最流行的方法之一。工作者通过设计一些标准化、客观且以正确的常规模拟为依据的问卷及座谈、个别谈话等形式，对大学生进行个性心理测试以了解他们的能力倾向、兴趣爱好、性格气质、职业适应等方面的资料，了解大学生的职业意向、职业期望的形成和发展变化的情况及原因，帮助大学生了解自己的心理素质与特定职业的适应性程度，引导大学生培养健康的心理和优良的个性心理品质，正确进行职业定向和职业选择，从而使大学生的事业获得成功。

进入毕业前期，工作者通过咨询方式与大学生面谈来帮助大学生找出适合自己兴趣、能力、价值观的专业与职业领域，指导大学生确定择业目标；并对大学生进行求职择业训练，包括如何写个人简历、求职信，如何获取信息，怎样展示个人特长，求职面试要领等。其方式有个案咨询辅导，也有培训班、指导课形式的集体辅

导,还会通过模拟应聘面试、音像教学等多种形式给大学生以指导。

2. 提供全面、及时的就业信息服务

就业信息指通过各种媒介和途径传递有关就业方面的消息和情况,是择业的基础。美国非常重视就业信息的收集和整理,会通过信息网络及时把各种社会需求信息收集起来,提供各类招聘单位的资料,公布半日、全日、夏季、临时工作机会。大学生可以随时通过信息网络查到自己所需要的全国乃至世界各地的需求信息及雇主信息的资料,也可以把求职信息通过网络传送给雇主。此外,就业指导机构还备有各类有关就业指导的图书、报刊、杂志、企业介绍材料,供大学生随时查阅,为大学生提供就业信息服务。如由劳工部预测职业市场变化,出版《职业前景手册》,在客观上起着一种宏观信息导向作用;州政府部门、就业委员会也参与就业市场活动,既提供信息,也开办公立职业介绍所;各类学校的信息小环境则更加活跃、灵便,这就使大学毕业生随时处于就业信息环境中,获取择业的信息比较充分。

3. 分析和预测职业发展前景

一个职业的发展前景直接影响到其人才的供求情况。发展前景好的职业,求职者趋之若鹜;反之,则门庭冷落。一个职业发展前景的决定因素有两个。一是由这个职业可带来的有用性资源所决定的,即这个职业被社会需求的弹性:一个职业符合社会发展潮流,社会需求量大,这个职业就会有更强的竞争力,前途光明;反之则前途暗淡。二是由职业的投入成本决定:科技含量高的职业需要投入的成本高(教育投入也是其中之一),其前景将风光无限;而科技含量低,重复性劳动的职业其投入的成本少,其前景也就会风光不再。可以说,有的职业今天可能是"热门",明天就会有被淘汰出局的危险。因此,开展对职业发展前景的预测和分析,对大学生职业发展至关重要。美国高校在就业指导中,会通过对国家经济发展和对科学技术发展趋势进行分析研究,对产业结构的调整进行前瞻预测,帮助大学生分析和预测职业发展的前景,从而使大学生能更好地进行职业定向和选择工作岗位。

4. 重视大学生职业生涯设计

美国在大学生就业指导中非常重视大学生职业生涯规划和设计。合理的职业生涯设计是迈向成功的第一步。所谓职业生涯设计是指个体对主客观因素进行分析、测定,把个人发展与组织发展相结合,设计和规划人生职业发展道路并制订实现人生目标的行动计划。美国高校的招生、专业设置等工作都要以就业为参照,每年进行调整。就业指导呈现系统化、经常化、专业化,把大学生就业指导工作与学校的教学过程相结合。从大学生入学起,学校就为大学生提供前期职业指导服务,在选择专业和课程方面给大学生以帮助;进入高年级特别是毕业学年,学校又为大学生提供就业信息服务和就业技巧训练等方面的帮助。他们不仅指导大学生如何写好履历表和求职信，教给大学生如何自荐、面试等求职技巧，还特别强调三点：一是对个人进行分析，通过分析认识自己，正确评估自己的实力，明确自己的优势，选择适合自己发展的职业目标，并学会职业选择的策略，制订择业的行动计划和措施；二是重视职业生涯管理，引导大学生进行自我适应性评价、未来职业设计、角色转换、自我启发和自我成长等，同时让大学生了解用人单位对人才的要求、人力资源管理策略、工作分析反馈、经营理念、组织的发展战略等；三是引导大学生正确处理职业生涯危机，让大学生了解职业生涯成功和失败的原因，如自信心、人际关系、应变能力等，学会掌握职业生涯发展策略等。毕业后，毕业生仍可回到母校接受各种就业指导和培训教育，获得学校持续不断的服务和帮助。还有把课堂教学与工作经历相结合的合作教育，大学生通过实习计划的实施，提高自身的实际工作能力，掌握专业技能，强化对社会的适应性。整个过程具有连续性、系统性。

5. 举办校园的招聘面试活动

美国各院校的就业指导办公室还定期或不定期召开校园招聘会、职业交易会，举办“求职日”等各类形式的雇主与大学生见面的招聘洽谈会，为大学生提供职业信息和就业机会。各大学在教学日历上都安排有固定的大学生就业招聘日程，在校园内定期举办招聘面试活动，届时学校的就业机构要接待来自各界的招聘代表，组织类似我国高校的“供需洽谈会”活动。

6. 引导大学生开展创业活动

美国高校还重视把大学生就业指导工作与学生的个性特征及职业发展愿望相结合，特别注重个人兴趣和创新能力的培养，大学教学注重培养学生批判性思维，鼓励大学生提出挑战性问题。高校坚持以培养大学生“准备从事任何一种职业”为指导思想，在文理科方面给学生以宽广的基础教育，又注意培养大学生的个性特长，直到大学生按其职业意愿要求发展；培养其务实、竞争、冒险的意识，使大学生能科学、谨慎地对待科技、经济和文化的变化和多样性并有信心战胜不断发展变化的工作环境中遇到的困难。美国高校从 1983 年开始的大学生创业大赛，就是培养大学生创新意识和能力的重要形式。大学毕业生“不仅应成为求职者，而且还应是工作岗位的创造者”，这也成为 21 世纪世界高等教育必然面对的一大课题。美国人明确提出要把高等学校办成“创业者的熔炉”。他们在就业指导中非常重视培养大学生的创造意识和创业能力，要求大学生一方面运用各种方法“永远追求更多的知识”，另一方面又要用所学知识法规、事业策划、事业管理及政府的有关法律章程等作为“职业指导”课或讲座的重要内容。美国大学生创业起步早，现今已成气候，效果显著。以麻省理工学院为例，据该校 1999 年的一项调查统计，该校毕业生已经创办 4 000 个公司。自 1990 年以来，MIT 毕业生和老师平均每年新建 150 个公司，每年雇佣的人数在 110 万以上，创造了 2 320 亿美元的销售额，对美国特别是麻省的经济发展作出了重要贡献。另外，美国斯坦福大学的学生杨致远和他的同伴们创办的“雅虎”公司更是声名远扬，该公司以他们对网络搜索引擎的构想，赢得了400万美元的投资，几年后该公司创造出了近70亿美元的市场价值，投资回报率高达几百倍。独立创业对未来劳动力市场的重要性越来越大，大学生创办企业，这是21世纪大学生就业的新途径，也是大学生就业指导工作必须研究的一大新课题。

7. 拓展实践途径，服务于学生与用人单位

由于许多用人单位非常看中大学生的社会经历、实践经验和动手能力，所以学校努力为大学生提供到需求单位实习、工作的机会。各校都有一批长期保持密切联系的企业和机构，通过组织大学生去实习、工作，增强大学生的社会实践能力并为供需双方提供互相选择的机会。当毕业生与用人单位达成就业意向之后，用人单位往往要派专人来校与毕业生面对面洽谈，学校就业机构在这方面的接待服务也是经常性的、大量的。

（五）全社会积极参与的就业指导环境

就业指导工作还与社会、企业紧密结合，重视与用人单位的联系、沟通及合作，通过实习实践教育，获得办学信息，提高人才培养的针对性，加强学校的教育功能。高校还重视利用校友资源，为大学生提供就业指导和就业机会。

二、美国大学生就业指导工作的经验借鉴

（一）借鉴之一：政府在美国大学生就业指导工作中的关键作用

美国政府在美国大学生就业指导体系中起着法律保障和信息指导作用，尤其是其健全的就业政策及前瞻性的就业环境预测，对高校的专业结构调整和大学生的择业导向都具有积极的参考作用。

美国没有专门的大学生就业市场，只是作为整个社会就业市场的一部分看待，由高校与劳工部共同为毕业生服务。政府制定就业的相关政策和措施，建立全国通行的就业指导和服务网络平台，为大学生和用人单位双方提供交流媒介。在整个就业指导体系中，美国劳工部和教育部主要负责开发就业渠道、调查和制定宏观政策、信息统计分析和发布等，是毕业生就业的“总管”。劳工部下设劳工统计局，其主要职责是在全美各地采集数据，发布未来10年的就业环境和各行业的需求，分析各行各业的需求形势，每两年微调一次，并结集出版。统计结果通过上网和发行出版物的形势向全社会公布，为政府决策和个人择业提供参考。劳工部统计局建立了面向公众的统一网站，为雇佣双方提供了交流媒介，这也是美国大学生除学校以外获取信息的最重要途径。各州政府也设有发展局，负责推进就业工作，经费

由联邦政府划拨。

美国联邦政府为了鼓励大学生到特定的地区或从事特定的职业，或是大学生到艰苦地区与艰苦行业从事艰苦的职业，还采取了免除大学生的直接贷款等做法，符合一定的要求和条件，大学生最高可以免除100%的贷款。

伴随着就业指导理论的日趋成熟，美国政府还将就业指导法制化。在20世纪70年代，通过了实施“职业生涯教育”的拨款计划，要求将普通教育与职业教育结合起来，在普通教育中设置职业预备课程。美国1976年通过的《均等就业法案》规定，公民（包括毕业生）有均等的就业机会，用人单位招聘录用时不得有性别和种族上的歧视。20世纪90年代以后，美国的“职业生涯教育”计划进一步加强，1994年通过的《学校工作机会法》将其的适用范围扩大为从幼儿园到大学的学生。其目的是为所有学生提供职业准备，以适应全球化和知识化背景下的美国社会。近年来，由于劳动力市场的变化日趋复杂，人才竞争也越来越激烈。发展以生涯与绩效为本的教育变成了美国教育发展的一个重要走向。

（二）借鉴之二：美国高校大学生就业指导有着成熟而完整的体系

1.美国高校大学生就业指导有着成熟而完整的体系

美国高校大学生的就业指导工作，是中小学职业教育与指导工作的衔接和继续，并不单纯为应届毕业生服务，而是为所有在校生和已毕业的校友服务。这是与我国高校毕业生就业指导工作在服务对象上的最大区别。从入学起，美国高校大学生就接受学校为他们提供的前期职业指导服务，使其对就业市场的状况进行接触和了解，以在选择专业和课程方面得到帮助；第二学年帮助学生发现和了解自己的专长、特性、兴趣，参加自己喜欢的活动；第三学年帮助学生收集雇主和市场需求，参加社会实践，使学生对选择职业有直观感受；进入高年级或毕业学年后，学生又可获得学校为他们提供的就业信息服务和就业技巧训练帮助。如指导学生写求职信，参加面试等专题训练，帮助学生收集需求信息，举办各种规模就业市场活动等。职业中心还为本学校的校友提供服务，毕业后，毕业生仍可回到母校接受各种就业指导和培训教育，获得持续不断的服务。校友可享受职业中心提供的网络服务，包括撰写材料及搜索职位信息，有的学校的校友还可以持身份识别卡进入职业介绍会。可见美国就业指导工作已经贯穿整个大学生的校园生活。美国高校将就业指导纳为高等教育系统的组成部分，对有不同发展需求的学生会提供不同的辅导内容，真正做到全球化的就业指导。

2.美国高校大学生就业指导工作与市场需求和职业界的要求相结合

美国高校通过董事会制度、对高校总体评价情况排名公布和产学合作教育等方式加强与职业界的联系，加强与社会的结合，以了解就业市场需求，主动适应经济发展，满足大学生就业和劳动市场的需求。美国高校重视合作教育，通过实习计划，可以使大学生自身工作能力和专业技能得到提高，增强大学生在就业市场的竞争力；通过与用人单位的合作，可获得办学信息，提高办学和人才培养的针对性，从而加强了学校的教育功能和生存基础。

3. 美国高校大学生就业指导工作与大学生的个性特征及职业发展愿望相结合

就业指导过程中要根据大学生的个体需求、个性特征、生涯发展等实际情况进行有针对性的指导。个性化就业指导界定为：针对个性差异、尊重个性发展而为个性提升和潜能挥发提供和创造个性就业条件的过程，是因时、因地、因人而异的职业价值取向引领。他们认为人的职业选择会贯穿人的一生，所以应根据不同的职业发展阶段实行不同的方式和内容的指导，开展生涯教育，注重对大学生适应社会能力的培养并遵循这种规律，在不同时期、不同的社会环境中对学生进行有针对性的指导，使人的特殊才能得到充分发挥，能及时根据形势变化和社会要求对大学生进行必要的就业指导，做到与时俱进，达到追求个人生涯和社会发展的和谐统一。在学习美国时，我们也应注重大学生个性发展，大力培养大学生创新意识和创业精神，鼓励大学生自主创业。

4. 美国有专门的职业指导机构和专职的职业指导教师

美高校的职业指导由专门的机构，即职业中心负责。职业中心内部分工明确、机构完善，有图书资料室和咨询室等，丰富的图书资源和各种期刊及音像制品，为学生提供大量的政府、企业的相关信息，职业中心一般都有充足的建筑空间，设备比较先进齐全，能保障各项工作的需求。美国高校大学生就业指导人员职业化、专业化，有专职的职业咨询教师。要提高就业工作的水平，必须培养和造就一支专兼职结合、以专职人员为主的就业指导工作队伍，如美国高校中已开设了职业咨询这一专业，以培养专门的咨询者，已有硕士学位和博士学位。此外，美国对高校职业中心工作人员有严格的资格要求，国家职业指导协会制定了职业指导员资格证书，只有获得资格证书才能上岗。

5. 美国高校大学生就业指导工作地位重要

美国高校对就业工作非常重视，从机构设置、人员配备、办公条件和经费保障等方面都给予重点支持。无论是公立学校还是私立学校，无论是以科研和培养研究生为主、还是以培养本专科生为主的大学或社区学院，无论学校规模是大是小，学校机构怎样精简，就业指导工作的重要地位都没有改变。鉴此，我们应重视社会职业教育，把职业理性教育与就业指导相结合，并将之贯穿于整个大学教育过程。我们还应培养一支具有专业素质的就业指导人员队伍，加强学生实践能力的锻炼，加强与社会及用人单位的合作，提高毕业生的社会适应能力和就业竞争力。

（三）借鉴之三：用人单位的社会责任

美国大量中介机构在大学生和用人单位、高校与用人单位之间从事与就业相关的业务，政府给予它们与州发展局同等的政策。

强化协调用人机制，积极为大学生提供实习机会，会使社会的人才资源配置更加快速，大学生择业效率更高。同时，美国的用人单位非常重视大学生的实践经验。为了帮助大学生积累相关经验，大多数单位愿意提供带薪实习机会，有些单位还提供与新聘雇员相近的工资。

我国在政府宏观控制、就业相关政策和就业趋势预测上与美国相比极其欠缺。美国高校在就业指导机构设置，硬件投入、师资队伍建设上投入相当大的财力和人力，就业指导课程更是贯穿于美国大学生整个求学过程中，使就业指导全程化、个性化，丰富的就业指导内容使大学生在走出校门前，提前进入社会，参加工作后能够游刃有余。中介机构的纽带作用和用人单位的灵活用人机制，提高了择业的效率，保证了就业质量。虽然我国近几年在就业指导体系的构建上加大了力度，增加了投入，但与美国相比，我国还有许多工作要做。

第二节　日本高校大学生就业指导的经验及借鉴

日本也是较早实践“生涯教育”的国家。日本于 1915 年开始提出职业指导这一概念，1927 年后被正式引进学校并迅速普及。20 世纪 50 年代末，职业指导改为“出路指导”，确立了生涯辅导的理念。1999 年开始，生涯教育逐步替代“出路指导”。日本大学的就业指导是在小学、初中和高中等阶段连续实施进路指导基础上进行的，是整个学校教育系统中进路指导有机体系的最后一个环节，就业指导理念是培养大学生职业生涯的自我实现的能力。

日本高校大学生就业指导实行的是以服务为核心的模式。这种模式是通过各种方式向大学生提供用人信息、择业技巧和就业咨询等，直接帮助大学生找到用人单位。其效果通常通过就业率来衡量。

一、日本高校大学生就业指导的现状及特点

（一）就业指导的机构设置

由于日本高等教育处于普及化高等教育阶段，各大学特别是私立大学之间争夺生源的竞争非常激烈，大学生就业率的高低待遇的好坏、进入第一流企业的人数等直接影响到学校的声誉和招生情况，所以，各大学都特别重视对大学生的就业指导和帮助。

国立和公立大学由于办学水平一般比较高,大学生就业相对容易,学校只在学生事务部设职就科来负责大学生就业工作,如东京工业大学和大阪大学只有2~3名专职人员,大量的工作由院系的兼职教师负责。而私立大学则都设有专门的就业服务机构“就业部”或“就业课(处)”,许多学校还成立“大学就业指导委员会”。专职人员不仅对大学毕业生提供的指导和帮助相对比较系统和全面,而且从大学生入学开始就开展职业生涯规划方面的辅导,比如京都外国语大学设有专门的职就部。此部在学校的地位很高,京都外国语大学在校生4 000多人,2003年毕业571人,仅专职从事就业指导的工作人员就有10名,还有一个由28人组成的就业委员会来帮助进行指导。其工作的细致程度也值得借鉴,每年都有送给家长的资料、送给日本企业的资料、送给新入学大一新生的资料及对每位大学生进行全学程就业指导登记的手册,而且他们每年都对毕业生进行追踪调查统计。

随着日本近几年生涯教育制度的推行,各高校纷纷改组就业指导部门,设置新的机构,其作用也发生了较明显的变化。

(二)高校大学生就业指导的主要内容

尽管日本各大学的就业指导机构不尽相同,但为大学生提供的服务却都全面而具体,具有共同之处。日本高校大学生就业指导内容的特点是丰富性和信息网络化。就业指导一般分三个阶段:一是自我分析阶段;二是组织各种就业指导讲座和业界说明会;三是就业实战阶段,学校有意识地组织学生进行模拟面谈。

日本高校大学生就业指导的主要内容有以下七点。

1. 为学生制作与提供翔实、全面的就业信息资料

日本高校都建立就业需求信息库和公司企业基本情况数据库,并使就业信息网络化。日本高校的职业指导机构把就业日程、规则、惯例、做法和经验等相关资料编印成册,发放到大学生手中。日本几乎所有的大学均设有就业资料室,就业资料室信息丰富、翔实。如用人单位需求信息,家乡用人单位需求信息,各个企业、团体的介绍资料和需求情况档案资料,行业、企业研究的参考图书资料和职业描述的音像资料,历届毕业生的名录和前几届已成功就业的毕业生写的就职活动体验记等,且更新很快大致每年更新一次。企业用人资料按地区、行业和年份分类整理摆放,以方便大学生查间,各种与就业相关的报刊书也很充足,并有电脑供大学生上网查询,各校都建有自己的就业网站,并能实现与其他相关网站的超链接。

他们还上门走访企业,广开就业渠道。如京都外国语大学与10 000家企业建立了联系,樱美林大学与12 000家企业建立了联系,并掌握其翔实的资料,以提供给大学生。

2. 举办各种就职讲座

讲座内容涉及大学毕业生就业的各项内容，如毕业生就业的进展方法、所需手续、注意事项、心理准备、应对措施、行业分析、景气指标、就业环境、市场行情和雇佣惯例等。而且各种讲座的针对性很强，有一般问题的讲座、面向企业就业的讲座、面向公务员考试的讲座、面向女毕业生就业的讲座、面向教师考试的讲座、面向留学生就业的讲座、秘书技能的讲座、文书技能的讲座、贸易实务的讲座和海外求职的讲座等。讲座帮助学生掌握所有行业及职业所需的一般知识常识，并为学生取得从业资格证书创造条件。

3. 对学生采取个别指导

日本会对大学生采取个别辅导等方式增强大学生的就业意识并增强其对就业行情的了解，并提供个性测试等方面的个别指导，此外，许多学校提供心理测试和就业综合考试。日本多数高校都设有就业咨询室接待大学生的个人咨询，大学生就自己的职业适应性，能力，职业种类，企业信息，就业工作流程和规程，男女雇佣机会等向指导人员求教。

4. 为学生提供各种社会学习项目

日本高校经常组织实施就业体验实习活动、志愿者服务、社会实践等。许多大学完善了就业体验制度，以便加强大学与企业的紧密联系。

5. 模拟面试。

6. 招聘会。

7. 完善就业指导方式

日本高校还将就业指导延伸到课程设置和教学质量方面，充实职业能力教育。目前，日本大学的选修课程多于必修课程。一些大学还成立就业联盟，重视发挥校友会的作用，以及有意识地发挥后援会（学生家长会）的作用等。

（三）高校大学生就业指导的人员结构

在日本，大学一般都设有专职的就业指导人员，其特点是职业化和专业化。日本对职业指导人员的从业资格要求较高，一般要具有心理学、教育学、咨询学或人力资源管理等相关学科的硕士或博士学位。除了专门的工作人员外，还从企业聘请顾问，对大学生进行指导。就业指导人员通常会对每个大学生实施有针对性的、细致入微的指导工作，把握大学生的具体就业情况。从大学一年级起，大学内部的就业指导机构就会为新生提供有关就业的教育，安排“现代企业论”等综合课程，使大学生对就业有个初步的印象；从二年级起就会对大学生的就业意愿进行调查，根据其意愿联系相关的就业体验企业，使大学生对自己希望从事的工作有实际的体会；从大学三年级起则进行相关的适应能力调查，召开各种就业说明会等活动。

总之，就业指导是一个伴随着大学生四年大学生活的连续过程。

（四）经费投入

就业指导经费方面，日本政府每年把就业培训经费纳入年度的政府财政预算，资料统计显示：在1990—1991年和1998—1999年，就业经费支出占GDP的比率为0.35%和0.60%。

二、日本高校大学生就业指导工作的经验借鉴

日本政府、学校、社会和用人单位都非常重视高校大学生就业指导工作，在对待毕业生就业问题上，分别从不同侧面推动大学生就业工作的进行，形成合力，对大学生进行全方位、多元化的指导和帮助。

（一）借鉴之一：社会资源充分参与的高度组织化的就业指导体系

在日本大学生就业指导的过程中，逐渐形成了由文部科学省主管、厚生劳动省协管、大学就业指导部门为中心、就业考试予以保障、大学生积极参与、企业提供支持的体系。这一体系对促进日本大学生就业发挥了积极作用。此外日本学校教育系统中具有的完备的进路（职业）指导体系，这也是日本大学生就业指导的一个非常有利的前提条件。这些都是值得我们学习和借鉴的地方。

1. 日本文部科学省主管高校大学毕业生的就业工作。

文部科学省负责从宏观上制定大学毕业生就业的方针、政策，打通各行政部门的壁角，与厚生劳动省步调一致，齐抓共管，充分发挥各部门的相关优势，实施优势互补，为大学毕业生就业提供政策支持和指导；对全国大学生就业信息进行调查、收集和分析，召开各种与经济团体相关的联谊会等。

文部科学省于2000年提出了“大学学生生活的充实方针和政策”的报告，提出改善学校学生生活的种种方针和政策，并要求各大学应不断改善教育内容和方法，积极培养学生的职业观和勤劳观，对学生实施一对一的细致入微的就业指导，建立和完善学校内的就业指导体制。尤其强调在今后的大学教育中，应着力培养“主动地应对社会的变化、独自探求未来的课题，并对这一课题能够从不同的广泛视角进行灵活和综合判断的能力。

1996年以后，文部科学省每年联合厚生劳动省对大学及其他学校学生的就业状况进行调查。调查的主要内容为学生的性别、是否希望就业、就职希望者的专业、就职希望者接受企业内定的日期等。在每年的10月、12月和次年的2月、4月分批进行调查，调查结果于每年11月、1月和次年3月、5月向全国公布。这些调查的开展和相关数据的公布，为文部科学省、地方教育委员会、各大学及其他相关机构提供了有益的参考，成为制定大学毕业生就业相关政策和措施的重要参考

依据。

文部科学省还利用各种机会,与经济团体联合会召开各种恳谈会和"全国就业指导说明会"等,借以发动企业支持和理解大学生的就业活动。

2. 厚生劳动省协管高校大学毕业生的就业工作

厚生劳动省下设职业安定局主管,协助学生就业的机构还有雇佣信息中心和人才介绍事业协会等众多就业咨询服务机构。他们支持各个大学依据向厚生劳动大臣的申报而举办的各种免费职业介绍活动,并与这些大学合作进行补充式的就业支援活动。对于应届毕业大学生所面临的严峻就业环境,厚生劳动省在行政上也给予越来越多的支持。

厚生劳动省收集全国大学毕业生的求职信息和各地开办的就业见面会的各种招聘信息,用信息网络与各地区经济共同体设置的学生职业中心及其他的县级机构设置的学生职业咨询室连接起来,为设施利用者提供帮助。此外,厚生劳动省还举办企业与大学生直接接触的就业见面会,来加强大学生与企业的直接联系与沟通。同时,厚生劳动省还不断加强大学生职业中心等的职业咨询功能。

对于毕业活动结束后仍未能就业的一部分大学毕业生,他们会继续提供就业援助。在实行职业咨询、介绍之外,必要时也实行三个月的委托训练以及其他的适合未就职毕业者情况的各种活动。2001 年 12 月开始实施"年轻者试雇佣事业",主要是向未就职毕业生提供短期试雇佣的企业支付一定的奖励金,并向试雇佣期间提供教育训练的企业提供一定的所需费用,以期缩短用人单位的要求和年轻失业者能力之间的差距,使年轻失业者向以后的正式雇用顺利过渡。

厚生劳动省还不断加强与大学的合作以推进职业意识开发到正式雇用的顺利过渡,促进接收企业与大学和学生的结合。为了扩大接收企业的合作,日本经济联合会于 2001 年 12 月实施了"就业体验例度接受企业开拓事业"。以此为契机,大力加强与文部科学省、经济产业省的合作,促进了就业体验制度的扩大。

3. 高校是大学生就业指导的主要承担者

高校在大学生就业活动中承担着核心作用。大学内部对就业指导工作表示重视的举动之一是大学就业部门的设立。上村和中在 2001 年 12 月所做的调查显示,日本大学中将就业部门单独作为一个独立部门设立的大学占全部大学的 80%,其中 90% 以上的私立大学都是单独设立该部门的。

大学不仅从最后环节上重视大学生的就业工作,而且从大学的课程内容和指导方法上对大学教育进行全面改革。它注重对大学生的职业观和与职业有关的知识、技能的培养,使大学生在对自己的个性充分了解的基础上,养成积极主动地选择和决定自己未来发展的态度和能力,尤其重视未来社会更为需要的逻辑思维能力、对事物的观察力、交流能力以及信息处理能力的培养。

越来越多的大学将就业体验制度作为一项科目来设置。许多大学采取积极措施,开展就业体验活动,完善就业体验度,加强大学与企业的紧密联系,确保接收企业的积极参与。此外,作为大学生与社会的接触机会,大学等体验性的活动,缩小了大学与社会的距离。高校积极鼓励大学生在校期间积极参与社会上的志愿奉献和志愿服务等体验活动,缩小大学与社会的距离。

4. 众多的中介机构是高校大学生就业指导的必要补充

在日本并没有专门的大学生就业务中介机构,为大学生就业提供服务的中介融合在各种信息情报专业公司或团体中,但是毕业生就业信息是其主要的经营对象,其工作的途径主要有三种:一是为企业形象做广告,为企业的招聘会做宣传,为企业将招聘信息装订成册,免费发放给高校就业中心;二是通过“职业专业网”为大学生就业者提供企业信息及就业活动,同时毕业生还可以在网络上进行自我分析、接受专业咨询人员的解答之类的职业指导;三是受高校的委托向学校派遣专业人员进行职业指导知识宣讲、职业适应性检查以及与求职相关的专业咨询等活动。

(二)借鉴之二:企业对大学毕业生就业的支持

企业应积极参与大学生就业工作,制定相关协议,并按照合理的程序录用大学生。日本于本世纪初经过大学与企业方面的协议,大学制定了《关于大学、短期大学和高等专门学校毕业预定者的就业约定》,而企业制定了《关于新毕业学生录用、选考的企业伦理宪章》,大学与企业相互尊重各自的协定,将“约定”和“伦理宪章”通知给所有的大学和企业。

2002 年企业制定的“伦理宪章”规定了以下四项内容:

(1)对于录用、选考活动的过早开始要严格控制,尤其是对于尚未达到毕业学年的学生进行实质性的选考活动更要慎之又慎;

(2)录用活动必须尊重大学的学事日程,努力确保正常的学校教育和学习环境;

(3)取消妨碍学生自由就业的各种约束,杜绝违反男女聘用均等法精神的录用活动;

(4)正式录用内定日期必须在 10 月 1 日以后。

企业界不断将自己对人才的需求以及对大学的要求提供给大学,让大学进行相应的改革。日本经济联合会设置了“21 世纪就业录用联合会”,对就业问题展开了一系列研究,展望了与 21 世纪就业录用相关的理想社会状态。研究认为:理想的就业录用社会应是从宏观上把人才向企业和国家等机构进行最合理分配的社会;是对个人的能力和适应性进行正确评价、确保机会平等的社会;是实现男女共同参加并确立起相关支持体系的社会;是大学与企业间的信赖、合作关系和信息交换场所得以确立的社会。这些都为大学改革和大学就业工作提供了有益的参考。

此外,很多企业通过积极支持和参与大学的就业体验工作及其活动,成为就业体验活动的承担者。这不仅对于大学教育的开展提供了有力的支持,对于大学毕业生职业观的形成和就业经验的积累也提供了直接的帮助。

日本大企业为有利于发现人才、合理安排与使用人才,录用大学毕业生时通常会采用各种各样的考试和考察,例如综合个人调查(Synthetic personality inventory, SPI)、笔试、面试等。在日本,SPI是作为民间企业的人事测定研究所,以心理学为基础,对应聘人员进行能力和性格适应检查,为企业录用职员提供参考的一种资质调查方式,也是许多企业广为采用的一种方式。一方面,这种综合个人调查为企业进行面试提供了有益的补充,可以弥补短短三四十分钟的面试不可能对应聘大学生进行全面、综合考察的缺陷,有利于企业对大学毕业生进行较为全面的考察;另一方面,对于学生来说,综合个人调查可以有助于企业发现自己的特质和能力,利于大学毕业生找到更为适应自己个性和能力的工作,对于减少就业后不久即离职的现象也有所帮助。同时,由于面试时间很短,而且由于紧张等原因难免导致发挥失常,不能尽如人意。而综合个人调查提供的信息则可以提供一定的补充,帮助大学生在一定程度上挽回面试失常带来的损失。

(三)借鉴之三:大学毕业生对就业活动的积极参与

日本大学生平时就注重养成积极主动的思维方式和行为习惯,从而为在就业工作中积极参与,掌握主动权打下良好基础。他们很善于在寻找工作中发挥自己的信息技术能力,为自己的就业工作服务。

首先,日本的大学生注重积极主动的态度和意识的养成;其次,日本的大学生较为重视与职业相关的专业知识的学习;再次,充分运用掌握的信息技术知识和能力获取就业情报,了解企业的基本情况,把握就业主动权,为顺利就业服务。

(四)借鉴之四:较完善的就业、大学生就业的法规体系

日本长期以来形成了较为完善的就业、大学生就业的法规体系。日本制定了《男女雇佣机会均等法》《关于实现女工平等机会和待遇及女工福利改进法的规定》等一系列维护女性就业合法权益的法规。日本劳动界和教育界也先后制定了一系列职业指导法规,如《职业介绍法》《职业安定法》和《学校教育法》等。在此基础上,文部省发布了一系列指令如《关于学校要恰当地进行出路指导的通知》等,把职业指导正式纳入学校教育内容,对职业指导人员的培训、选拔和待遇等都做了规定。对比中日高校大学生的就业指导,我国大学生就业指导工作在就业指导理念、就业指导重视程度、就业指导时间、就业指导内容、就业指导方式等方面都存在差异。

我们应转变观念，注重从就业安置指导向职业生涯规划辅导转变。重视和加强对大学生进行职业生涯规划教育，高校大学生就业指导工作应把生涯辅导的理念贯穿其中，培养大学生职业生规划的意识以及提供正确的自我评估的教育和指导；我国高校大学生就业指导还应完善就业指导体系建设，将大学生就业指导与课程改革、教学质量提高相结合；把大学生的职业指导工作纳入大学生的培养计划中，提高大学生的基本素质、个性和能力。此外学校应增加选修课程，减少必修课程，为大学生提供更大的学习选择空间。同时，应拓宽就业指导的时间、内容和形式，使就业指导具有阶段性、连续性和计划性；还应加强就业指导人员的培训和考核，提高其专业化素质，建设专门的就业指导人员队伍；并加强就业指导的实践性，使就业指导贴近社会、学生和学校的实际，从而提高针对性和有效性。

我国还应营造良好的就业指导环境，应取得就业指导机构、经费和人员的保障，建立校、院（系）专门的就业服务机构；也应引导大学生自身的积极参与以及社会和企业的支持，引入社会资源参与就业指导，允许社会上资质较高的职业介绍机构和受过专门培训的职业指导师投身学校的就业指导。对政府而言，我国应建立和健全就业、大学生就业的法律法规体系，加强教育立法，充分发挥法律法规的效应，确保就业指导的社会和法律地位，规范就业市场，维护用人单位与求职者尤其是女性的合法权益，从根本上使大学生就业走上法规化、程序化、制度化和规范化的就业轨道。

第三节　德国高校大学生就业指导的经验及借鉴

在德国，大学生就业不仅是学校的事，而且是整个社会的事，政府、高校以及社会中介在这个过程中各有分工，实行的是全员化的就业指导模式。其中，政府系统为主渠道，企业和学生为主体，学校为中介，私人咨询介绍所为补充。

一、德国高校大学生就业指导的现状及特点

德国高校大学生就业指导全员化，政府、高校以及社会中介机构参与其中。政府系统的功能与运作方式主要是信息统计、网络服务、职业培调，私人咨询介绍所主要面向企业，同时为求职者个人介绍职位，搭起企业与求职者之间的桥梁。企业发挥择优用人的主体作用，重视人才选择的战略。大企业直接承担求职者的实习与培训，中小企业也委托政府系统等进行行业培训。各高校提供对大学生就业的服务，每个学校都设置了形式不同的专门机构，保证必要人员的编制和经费投入，主要运作方式是针对专业教育缺陷和大学生素质的不适应，进行系统的课程培训。大学生既是就业服务体系面向的客体，又是求职的主体。

每所高校也都有形式不同的负责就业指导的专门机构，保证必要的人员编制和经费投入，面试、就业指导和咨询是作为一种高层次的职业和工作岗位被充分肯定的。学校上层注重大学毕业生与社会生产及经济发展的对接，重视毕业生就业率与创业就业率，注重将就业指导贯穿于大学生教育的全过程，并在教育过程满足大学生对专业的再选择和再调整。有些大学设有就业市场学院，专门负责对大学生专业能力以外的其他能力的培训。德国高等教育还推行大学生实习和做义工的制度，更加体现了对培养大学生实践能力和综合素质的重视。

此外，有些大学与企业常年合作，企业为大学毕业生提供实习基地，并且负责实习生的培训与考核。德国的用人单位、企业也非常重视与高校的合作，它们与学校共同制订大学生培训计划，并为共同开发的培训计划投资，包括提供充分的带薪实习岗位。如宝马公司每年接收毕业生 800 名左右，为学校提供约 1 200 个实习岗位，且时间长达 3 ~6 个月。学校的大学生与企业中发挥着重要的桥梁作用，因他们对企业和大学生的情况都比较了解，所以在大学生的就业指导过程中能有理有据地进行信息传递与引导。同时在了解大学生基本素质的基础上，有针对性地进行职业培训。为大学生开设第二专业（或称辅修专业），推动教学领域改革，增强学校对社会经济发展的适应性。许多高校还将就业指导工作提前至高校相应的宣传和指导环节中，引导学生根据自己的特长、兴趣、爱好以及自身的素质来报考大学和挑选专业，并依据社会需求为大学生进行职业生涯的设计咨询。

随着社会的不断发展和知识经济时代的到来，在德国的大学生就业服务中，政府关注与投入不断加强，各高校也纷纷调整人才培养策略，着重提高大学生适应素质，令就业指导工作愈加社会化、信息化、国际化。

二、德国高校大学生就业指导工作的经验借鉴

（一）借鉴之一：充分利用社会各种资源的全员化

就业指导应充分利用社会各种资源形成一个以政府（联邦劳动总署与各州、市劳动局）为主体，学校、企业和私人咨询介绍所等社会多方力量共同参与的高效合理、规范有序的社会化就业指导体系是德国就业指导的一个显著特点。

政府在各地设置大学协调组，负责开设职业咨询课，介绍用人单位的性质、要求和受聘人员的条件；帮助大学生开展职业生涯设计和职业发展规划；指导大学生根据个人特点充分利用信息获取工作机会；开展行业培训；指导大学生撰写简历、自荐材料及如何与用人单位面谈等。

高校主动参与就业指导，通过开设相关的课程，培养大学生正确的职业观、职业操守和规范；以提高大学生的生能力和基本素质为目标，帮助大学生进行职业生

涯设计和人生规划;重视大学生就业前的实用职业技能的培训。虽然德国高校具有自主办学的传统,强调教学和科研的独立性,大学生就业直接进入市场,学校不承担任何责任,但这并不意味着高校不关注就业和就业指导;相反,大学深知其中利害,就业与招生生源和社会捐助息息相关,影响学校的经济、社会效益。因此,就业指导也被提升到核心地位。

私人咨询介绍所负责为大学毕业生开展性向测评业务。德国的私人介绍所出现于1994年,需要经劳动总署批准注册方可营运,大多是营利性机构,面向企业收费,负责在求职者与用人单位之间搭建起桥梁。它们测试大学生的兴趣、爱好、特长、价值观、能力和气质等,并解释测评结果;为大学毕业生设计职业发展目标,帮助他们提高就业技巧并进行有效的就业决策等。该系统具有竞争力强、服务种类多、类别全、灵活性强等特点。此外它以用人单位为依托,主要针对用人单位的需要,提供各种有偿的服务。

用人单位是高校大学生就业指导的主力军,企业则直接承担大学毕业生的实习和培训。企业会选派有经验的专家指导大学生,以提高职业适应能力为目标,重视培养大学生的动手能力、创造能力和分析设计能力,并把这种指导与选聘相结合。企业重视人才的选聘,通过培训将求职者与选聘人才结合在一起,除了主观上积极为大学生提供实习基地之外;客观上受到联邦政府政策刺激,也都积极主动地为大学生提供岗位。联邦为了获得更多数量的社会就业岗位,与用人单位之间成立很多聘用机制,例如,如果企业创造了一定数量的岗位,就可以获得政府的资助与扶持;企业每聘用一个失业者,就可以获得10万欧元的贷款。为了能更好地刺激企业创造更多的就业岗位,德国联邦劳动与社会部已经连续三年举办"创造就业——企业的义务"竞赛,2007年与2008年两年来有很多企业积极参加,活跃的行业众多,德国积极与用人单位配合合作,不仅在客观上带动了就业岗位的产生,也刺激了整个国民经济的发展。

除此之外,德国社会就业服务机构也发挥着重要的作用,德国最大的就业市场服务机构是联邦劳动局,有来源于政府的经费支持和一定的合法地位。联邦劳动局有遍布全国的机构网络,总部设在纽伦堡,设有10个大区中心、178个地区劳动局和约660个服务网点,其主要职责是为求职者和雇主提供咨询,及资助残疾人就业等服务。

(二)借鉴之二:因材施教的专业化指导

在德国,高校大学生就业指导高度专业化,从事大学生就业指导的人员专业化、职业化水平很高,完全能满足大学生对职业指导的要求。他们把大学生分成不同类别,区别对待,予以分类指导。除了按常规的专业和学科分类外,更多的是按大学生的就业需求、期望、特点、条件等进行分类，并针对不同类型的学生进行不同内容、不同方式、不同程度的指导。如对职业声望要求高的学生，帮助他们分析职业行情和职业发展动态、前景和趋势，引导大学生正确认识和评价自我，合理“定位”，明确职业选择目标；对重视工资待遇的学生，则帮助他们分析各行业的薪酬情况，引导大学生合理“报价”，并传授面谈待遇的技巧等；而对有自卑感的学生则鼓励他们增强信心，学会心理调适，化解心理危机。在职业指导中，通过开展性向测评(Personality Test)、一对一面谈等方式，了解大学生的兴趣、价值观、特长气质和能力等个性特点，引导他们正确认识和评价自我，纠正认知偏差和心理误区，扬长避短，充分展示个性，实现人职匹配。

(三)借鉴之三：方便适用的培调式指导

德国大学生就业指导的另一特点是培调式指导，在德国，无论政府，学校还是企业都非常重视对毕业生进行实用技能培调这与德国大学生大多在生产、服务一线从事职业性，技能性工作有关，这些岗位操作性，实践性强，需要有熟练的心智技能和动手能力。德国大学生已成为一个庞大的白领中产阶级，构成了社会的中坚力量。政府就业指导部门通过设立市场学院等形式，邀请企业的高层主管、工程师、设计师等担任培训员，根据社会各行各业的需求，科学合理地安排课程，对大学生进行各种实用能力培训，这些实用课程的学分，占大学生毕业所需学分的18%左右，这种培训方式深化了就业指导的内容，增加了毕业生工作的“附加值”，也缩短了毕业生就业后的适应期，使毕业生在市场上很受欢迎。这也是德国大学生就业指导主动与市场对接，实现“零距离”的最好写照。

第四章　我国高校大学生就业市场的需求及其影响因素分析

第一节　当前我国高校大学生就业市场的需求分析

一、我国高校大学毕业生就业市场的形成与发展

在计划经济时期，我国高校大学毕业生完全是由政府根据用人单位需要进行有步骤的安排，一般不存在互相选择的问题，也不存在毕业生的就业市场问题。1985年5月27日，中共中央发布了关于教育体制改革的决定，开始了我国高校大学毕业生就业制度的改革。从此改变了过去由政府定计划的办法，实行由主管部门和高校上下结合的办法编制分配计划。同时，在落实计划时采取了一定范围的"供需见面"，并开始在清华大学和上海交通大学等少数高校进行一定范围的"双向选择"的试点。1989年，国务院批准了国家教委《关于改革高等学校毕业生分配制度的报告》和《高等学校毕业生分配制度改革方案》。中期改革方案提出，在国家就业方针、政策指导下，逐步实行毕业生自主择业、用人单位择优录用的"双向选择"制度。同年，全国高校毕业生就业指导中心也先后与西安市和上海市联手分别打出"全国高校毕业生就业市场——西安市场"和"全国高校毕业生就业市场——上海市场"的牌子，大学毕业生就业市场的概念开始引入就业领域，"双向选择"开始在全国高校中普遍推广。实行多种形式的高校大学毕业生就业市场开始形成。

1993年2月13日，中共中央、国务院就《中国教育革和发展纲要》提出高校大学生就业改革的长远目标是，改革高等学校毕业生"统包统配"和"包当干部"的就业制度，实行少数毕业生由国家安排就业、多数学生自主择业的就业制度，推动了毕业生就业的进一步市场化。同时，国家教委《关于进一步改革普通高等学校招生和毕业生就业制度的试点意见》提出，建立"学生上学自己缴纳部分培养费用、毕业后多数学生自主择业"的机制。1994年，全国高校全部实行并轨招生、自主择业，标志着我国大学生就业市场的基本形成。《中国教育改革和发展纲要》中明确指出，随着社会主义市场经济体制的建立和劳动人事制度的改革，除对师范学科和

某些艰苦行业、偏远地区的毕业生，实行在一定范围内定向就业外，大部分大学生实行在国家方针政策指导下，通过劳动力市场，采取“自主择业”的就业办法。“自主择业”制度的推出，打破了政府对高校大学生就业实行统包统配的局面。而市场机制的引入，无疑是高校毕业生就业制度和就业模式发生质变的动力。

1999 年，我国开始了第一次高校扩招。2003 年出现了第一次就业高峰，并真正出现了大学毕业生就业的买方市场，使我国高校大学毕业生就业的市场化程度大大加深。就业制度上的重大变化迫切需要政府和高校建立起比较完善的就业市场。因此，构建高校毕业生就业市场，深刻了解并全面把握毕业生就业市场的信息，以适应社会主义市场经济体制的需要，就成为摆在我们面前的现实问题。它对于促进和提高大学毕业生就业率有着十分重要的意义。

二、高校大学生就业市场需求分析

高校大学毕业生就业市场是随着社会主义市场经济的建立，为适应毕业生就业制度改革的需要而建立的。它运用市场机制为大学毕业生和用人单位提供服务，以达到对大学毕业生资源的合理配置。它是一个由有形市场和无形市场相互结合构成的人才供求平台，大学毕业生和用人单位通过这个平台进行双向选择。因此大学毕业生就业市场能否完善、高效和规范对就业的影响非常大。

（一）市场主体的分析

大学毕业生和用人单位是就业市场的两个主体，自由参与市场活动的大学毕业生是市场的供给方，有自主用人权的用人单位是市场的需求方。我国高等教育体制以前一直实行分口管理、条块分割，高校根据不同的隶属关系分为教育部直属院校、部委属院校以及地方院校，各类高校都有自己特定的服务范围。大学生在就业中受到种种限制，不能自由参与市场活动，因此造成了行业性、地区性人才发展的不平衡，市场的广泛性、公正性受到了较大影响。目前，这种状况已经得到较大改善。另一方面，作为市场需求方的用人单位在招聘时如果受到许多限制，没有应有的用人自主权，市场活动同样很难展开，也会影响市场运行效率。大学生和用人单位这两个主体的供给和需求数量还影响着市场的供求状态，使市场在供不应求、基本平衡和供过于求三种状态间运动。市场供求基本平衡是市场的最佳状态，供不应求和供过于求，都是不良的市场状态。

（二）市场规则的分析

市场交换方式和规则影响着就业的实践水平，也影响着人才的供求和流动，例如我国就业市场的城乡二元分割加大了地区和城乡差别，造成城市就业人口的过分集中。与大学毕业生就业制度紧密相关的人事、劳动、户籍制度改革相对滞后，措施不配套,影响了人才的合理流动。另外市场在维护供需双方合法权益方面法规是否健全,调控是否到位也直接影响着市场运行的秩序。由于中国是一个讲究人情关系的社会,而且就业市场尚未发育成熟,一些用人单位招聘毕业生缺乏公开性和规范性,存在着“走后门”现象,使人情关系网在一定程度上成了人力资本的替代物。许多大学毕业生认为社会关系网对于获取满意的就业岗位有着非常重要的作用,他们不仅担心自己没有足够的知识和能力应对社会竞争,同时还担心自己因为没有足够的社会关系而在就业竞争中处于劣势。

(三)市场效率的分析

市场运行手段的信息化和现代化是就业市场实现统一规范高效的基本保障。就业市场只有实现高度的信息化统一化,才能确保各地区、各行业、各单位的求职与需求信息畅通,资源共享,降低大学生与用人单位的就业和招聘成本,保证就业市场运行的高效率。由于大学生就业绝大多数属于初次就业,对就业市场运行了解不充分,所以没有适当的就业匹配服务体系就必然会导致市场效率的损失和就业市场的效率损失,就业市场的效率损失主要是信息不对称或信息运用不充分。所以大学生就业匹配政策的核心是向大学生提供充分的就业信息,让他们根据这些信息接受就业指导,进行有效的就业决策。

三、高校大学毕业生就业市场因素分析

高校大学生就业市场是随着社会主义市场经济体制的建立和高校大学生就业制度改革的深化而逐步建立的。它使大学生资源得到了有效的配置和利用,促进了经济的发展和社会的进步,加强了学校与社会的联系,促进了高校的教学改革,调动了大学生的学习积极性。但目前,我国大学生就业市场的建立还处于起步阶段,市场建设和运行机制尚不完善,客观上不能完全适应日益严峻的大学生就业形势。当前,大学生就业市场建设主要有以下几个方面不健全。

(一)市场建设欠规范

目前大学生就业市场的建设规范不够,缺乏统一的大学生就业市场体系。随着大学毕业生数量逐年增加,就业压力不断增大,相关部门日益开始重视大学生就业工作,积极推动大学生就业市场的建设和发展。负责大学生就业安置工作的部门如高校及社会组织等纷纷组建大学生各类就业市场,组织了具有区域性、行业性特点的就业市场活动。目前大学生就业市场主要有:教育系统的毕业生就业市场、人事部门的人才市场、劳动部门的劳动力市场和各个高校内部的就业洽谈会,此外还有一些人力中介公司以营利为目的举办的招聘会,而且各个地区县市也在举办各种大型的就业招聘会。如此之多的各类就业市场在表面上看,似乎给大学生就

业带来很多就业机会,但这种无序、上下不衔接、各自为政且互不联系的就业市场针对性不强.效率很低,不仅没有真正给大学生就业提供有效的就业信息,而且给大学生就业带来极大的不便。由于这种市场规模很大,用人单位和学生数量多,尽管场面上轰轰烈烈,但实际效果极不理想,大学生和用人单位不能充分洽谈,使大学毕业生整天疲于赶场,找不到合适的就业单位,用人单位也无法找到合适的大学生。究其根本,主要原因是目前我国缺乏统一规范的大学毕业生就业市场体系。

用人单位的人才高消费趋势正在不断加剧,从机关单位到企业,从上级到下级,从国有到民营,不约而同地都开始加高就业的门槛。在很多人才招聘会的现场和公开招考简章上,不论什么岗位,都要求本科以上学历,动不动就要硕士生、博士生,单位之间相互攀比现象成风,把招聘高学历毕业生作为提高自己单位声誉的手段,从而造成高需求的假象。同时,许多单位招聘较高学历的毕业生不能充分发挥其作用,甚至学非所用,令毕业生不安心工作、频繁跳槽。用人单位的就业歧视使相当一部分毕业生的求职道路更坎坷,由于高校大学生就业市场由卖方市场转变为买方市场,加之我国目前反就业歧视的法律不健全,社会歧视得以在这种夹缝中生存。

目前对高校大学生的就业歧视包括年龄歧视、户籍歧视、性别歧视、经验歧视和学历歧视等。目前就业市场上甚至出现了更为离奇的血型歧视、姓氏歧视、籍贯歧视等。就业歧视已经到了无所不包,无处不在的地步,使某些大学生就业之路更为坎坷,也造成了社会人力资源的巨大浪费。另外,拉关系、走后门、以权谋私、权钱交易等不公平竞争行为严重扰乱了就业竞争的正常秩序,目前就业中的种种困难和问题固然有高校不断扩张供给迅速增加的原因,但最主要的原因还是大学生普遍重专业轻能力,素质结构与市场需求脱节。根据北京大学高等教育规模扩展与劳动力市场课题组 2007 年四月对东、中、西部地区 15 个省份 28 所高校的毕业生就业状况的问卷调查统计,毕业生就业受多种因素的影响。调查显示,影响就业的各种因素共有 18 种,按照从重到轻的排列顺序,这 18 种影响因素分别为:

(1)工作能力强;

(2)有相关实习和工作经历;

(3)学历层次高;

(4)应聘技巧好;

(5)形象气质好;

(6)热门专业;

(7)学校名气、地位高;

(8)就业信息和机会多;

(9)亲戚的帮助;

(10)学习成绩好;

(11)老师的推荐;

(12)朋友的帮助;

(13)为学生干部;

(14)往届毕业生的声誉;

(15)拥有就业地户口;

(16)是否为党员;

(17)性别状况为男性;

(18)送礼买人情。

统计结果表明,我国高校大学生的就业竞争力主要体现在大学生的学识和能力方面,而性别因素和送礼买人情等因素的影响较小。

(二)市场运行机制不完善

目前大学生就业市场运行机制的不完善主要包括以下几个方面。

1.对用人单位缺少监管机制

近年来,用人单位在人才市场上处于绝对的主导地位,由于大学生生源的"富裕",使用人单位对大学生的挑选十分苛刻,"重资轻能"的倾向日益严重。主要问题有三个。一是部分用人单位对待大学生态度居高自傲,如有些用人单位"女生免谈""非本市户口免谈",有些本来并非特种行业的单位甚至对长相、身高、家庭状况都提出十分苛刻的要求,个别甚至用"是否能喝酒""是否会公关"等一些完全与人才标准没有关系的条件来要求大学毕业生。二是对于人才的学历盲目求高。从近年各地专门针对大中专毕业生举办的大型人才相聘洽谈会来看,各单位纷纷打出了需求高层次人才的旗帜,形成了"研究生多多益善,本科生等等再看,大专生请靠边站"的盲目求高现象。固然,随着社会进步与高新技术的发展,一些行业、岗位需要一批具有一定专业水平,素质较高、潜能较大的高级人才,但是许多岗位大专生完全可以胜任,而且大专生有较强的实际操作能力和可塑性,对一些专业水平要求不甚严格的岗位而言堪称"物美价廉",用人单位没有必要花更大的代价盲目追求高学历。三是用人单位存在选人用人的功利性现象。一些用人单位招聘时要求既有学历,又有工作经验的大学毕业生。这种急功近利的用人观念,不利于用人单位建设一支适合自己长远战略发展的人力资源队伍,同时也影响了大学毕业生的就业与成才。

2.法规建设尚未健全

完善的法规配套是高校大学生就业市场健康运行的基本保证,但由于目前我国高校大学生就业市场的法规建设尚来健全,直接影响着高校大学生就业市场功能的有效发挥。首先,大学毕业生就业市场参与者合法权益未得到有效保护。用人单位作为大学生就业市场的主体,按理有权依照同家规定和本单位的需要择优录用大学生,有权自主决定录用方式、录用数量、录用条件和录用时间,有权根据自身的发展规模、发展特点,自行决定内部机构设置和人员配备。但在现实中,由于目前我国大学生就业市场还不健全,人才录用受到种种因素的制约,用人单位并未真正完全享有用人自主权,这主要表现在基层、农村、西部、非公有制企业接收大学生时会遇到种种体制和机制上的障碍上。与此同时,大学生在就业市场中也并未获得完全的择业自主权,其原因一部分就是国家对大学生的就业范围和就业方向往往给予这样、那样的限制,在一定程度上限制了他们的择业自由。其次,大学生就业工作程序不完善,市场参与者的权责和分工不明确,使就业工作高标准化、专业化尚有距离,就业工作效率不理想。再次,大学生就业市场的监督机构和仲裁机构缺失,使大学生就业市场在运作过程中产生的各类纠纷不能及时得以解决或处理。

3. 市场竞争机制欠公正

市场经济的特点是以市场为导向对资源进行基础性的配置,从而实现劳动力资源和生产资料的最佳组合。市场为大学生和用人单位提供了公平竞争和双向选择的机会,高校大学生应凭借自己的专业知识和实际工作能力积极参与市场竞争,从而谋取一份适合自己的工作;用人单位也应该通过市场招聘的方式选择优秀的大学生。然而,由于我国市场经济制度的不完善,市场缺乏公平性、规范性,不公平的竞争现象时有发生。面对当前严峻的就业形势,一部分用人单位通过非市场渠道公布用人信息,暗箱操作聘用人的事件时有发生;而一部分大学生找工作时也过分依赖于家长和亲朋好友的人际关系网。这些现象体现了大学生就业市场上不公平的就业竞争机制。由共青团中央学校部和北京大学公共政策研究所合作完成的“2006 年中国大学生就业状况调查”结果显示:在该调查涉及的样本包括全国近百所高校的 6 000 多名大学本科毕业生中,有 41.61% 的学生认为,通过家庭和个人社会关系托熟人是最有效的求职途径。这一调查充分说明人际关系网络仍是大学生进入就业市场、寻找就业机会的重要途径,同时也反映出我国就业市场存在着不公平竞争的现象。

4. 市场供需关系失衡

大学生就业难现象的产生与大学生就业制度改革密切相关。新中国成立以来,我国的大学生就业制度改革经历了完全计划分配和计划与市场逐步结合并向完全市场化发展这两个时期。1985 年以前,我国高校大学生的培养全部由国家承担,大学生毕业后,由国家的指令性计划分配到全民所有制单位当国家干部,大学生就业实行统包统配、包当干部的计划分配制度。这种统包统配的大学生就业制度坚持统一招生、统一分配专业对口、学用一致和择优分配、优才优用的原则,保证了大学生的充分合理就业。同时,统筹兼顾、加强重点、面向生产、面向基层,有力地确保了我国当时的重点建设,弥补了国民经济发展和高等学校及其专业设置不均衡而造成的人才分配不均的状况,促进了各地区、各部门经济的协调发展。但随着我国改革开放的深入,统包统配制度包得过多、统得过死的弊病日益暴露出来,社会的发展迫切需要改革大学生就业制度。1994 年国家教委颁发的《关于进一步改革普通高等学校招生和毕业生就业制度的试点意见》指出,从招生开始通过建立收费制度,改变学生上大学由国家统包统配的做法。以建立国家方针政策为指导,以奖学金制度和社会信息来引导毕业生毕业后参与劳动力市场的竞争,在公平的劳动力市场里自主择业的机制。一直到 1997 年,全国各大高校逐步全部实行并轨招生。“双向选择”“自主择业”的就业政策逐步建立和完善是经济体制改革,尤其是社会主义市场经济体制建立和发展的需要,其实质就是将竞争机制引入到大学生就业体系当中。随着双向选择和自主择业的逐步建立和完善,大学生就业难的现象逐步产生并日趋突出,从而使大学生就业呈现出以下新的特点。

(1)扩大了用人单位和大学生的选择范围

双向选择就业机制的建立使用人单位和大学生在用人及择业方面的选择权力都得到了扩大。大学生择业权的增加使其能更好地根据自己的知识、能力、兴趣、爱好、特长等因素选择更适合、更满意的职业。大学生择业权的增加对用人单位来说是一种无形的压力。任何企事业单位的发展都离不开人才,同时单位发展的好坏也直接影响人才的“近”“避”。用人单位的择人权力的增加能使他们选择到更令自身满意,更有利于自身发展的贤才能人。从大学生的角度讲,则使大学生的择业受到一定限制。每个大学生都有选择某个职业的权力,但并非人人都能被选上。大学生的知识、能力、心理等综合素质是决定用人单位取舍的关键。因此,在社会主义市场经济条件下,用人单位和大学生互相制约,共促发展。

(2)大学生就业形势受市场供求关系等因素影响

当社会稳定,经济发展,劳动力和人才资源的需求大于社会供给时,大学生就业总体形势就好,大学生总体就业就顺利。反之,如果社会需求小于社会供给,大学生总体就业就会出现严峻形势。

(3)大学生就业状况是其市场“投资”行为的结果

在计划分配时代,大学生上大学多少还带有“学而优则仕”的传统思想成分,即从“仕”的角度看待“上大学”。但市场经济的发展,特别是高等教育收费制度和毕业生分配制度的改革,则要求大学生更多地从市场这个角度,用经济的眼光审视和思考它,把它作为一种市场行为,更有风险意识,更有投资意识。只有这样,大学生才能更加冷静地对待自己的就业,才能从人力,物力,财力的投入状况和市场变化客观地分析就业结果，保持良好的择业心态。

(4)大学生就业竞争以法制为准绳

市场经济是法制的经济，在社会主义市场经济条件下，大学生就业是否真正实现公平公正竞争，与法制的健全与完善密不可分。随着市场经济的发展，大学生就业日益被推向社会，推向市场。在大学生计划分配时代，由国家统包到底，没有就业压力，也没有就业难的现象。但随着“双向选择”和“自主择业”的逐步建立和完善，大学生就业难的现象就逐步产生并日趋突出。所以从一定程度上讲，大学生就业难是大学生就业制度改革中市场竞争机制的逐步引入和毕业生就业体制改革的结果，是就业竞争机制引起的；也是这种机制建立的时间不久，受各种因素的影响作用没能得到充分发挥和毕业生不完全适应造成的。因此，要解决当前大学生就业难问题，还要不断推进毕业生就业制度改革，尤其是完善相应的配套措施，使其更好地适应建设社会主义市场经济发展的需求。

第二节 影响我国高校大学生就业的自身因素分析

当我国大学生就业制度逐步建立并实施自主择业以后，通过市场竞争实现就业的大学生，其自身的就业观和就业能力等因素在择业就业过程中起着极其积极的作用。

一、就业观念的偏差

大学生就业观是指大学生对就业目的、意义、就业岗位评价标准、就业方式和空间选择等方面的根本看法和态度。它是由就业的动机、定向、选择范围、途径和方式等多种要素构成的有机整体。随着高等教育的大众化进程不断深入，人学生应与时俱进，积极调整自己的就业心态，树立起与大众化教育相适应的就业观，主动适应当前严峻的就业形势。然而，当前一些大学生在就业观上仍存在着一些误区，成为制约自己顺利就业的重要原因。

(一)“精英情结”根深蒂固

进入大众化教育阶段，所谓的社会精英岗位与高校大学毕业生数量相比显得不充足甚至短缺，就高校大学生整体的就业情况而言，中国高校生已经进入了一个“大众化就业”的时代。一部分大学生通过竞争走上社会的精英岗位，必然也要有一部分大学生从事与“大众化教育”相适应的就业岗位。然而，在我国高等教育迅速走向大众化的今天，一些大学毕业生不愿面对这种现实的转变，仍然固守传统的精英教育的就业观念，与现实脱节的就业观念局限了大学生的择业范围，人为地给自己设置了就业框架,使自己与一些就业机会擦肩而过。具体表现在两方面。

1. 期望值过高

由于近年来高等教育与社会经济的发展,加之全国范围内的高校扩招,大学生已经由“社会精英、天之骄子”变成大众化的劳动力,绝大部分学生、学生家长甚至整个社会还没有接受大学生这一地位的转变。目前我国国民的平均可支配收入还不高,特别是在贫富差距拉大的情况下,大学生的教育费用对多数家庭来说是一笔沉重的经济负担。尤其是广大贫困乡村地区,许多家庭为培养一名大学生债台高筑。同时,高等教育仍然是稀缺资源,一个孩子从小学到大学要经过无数次考试选拔和竞争。在经济上和精力上都付出了巨大的投入,这使得家长和学生期望大学毕业后找到一份工资较高,社会地位较高的体面工作。但是我国的经济社会发展还处于初级阶段,无法提供大量的“精英”就业岗位,更多的大学生只能进入社会中的一般岗位或边远地区就业。由于心理上产生了巨大的失落感,加上平时生活相对优越,缺乏吃苦自立的精神,许多大学生毕业后找不到理想中的“精英”工作,就干脆在家待业,成为“啃老族”。其具体表现在岗位选择上,是片面追求收入较高的“白领”岗位,不愿从事比较艰苦的“蓝领”“灰领”工作;在地域选择上,是以沿海发达地区和大中城市为目标,不愿到西部欠发达地区,小城镇基层地区;在单位选择上,是热衷于进机关事业单位、大型国有企业、高新企业,轻视中小企业和条件相对艰苦的职位。刘风清对 25 所高校近万名大学生进行的问卷调查后发现,有 48% 的大学生希望到沿海地区就业,55% 的大学生希望到党政机关或事业单位工作,有 41% 以上的大学生希望自己的签约工资起点在 1 500 元以上。但是,从已签约的大学毕业生的实际就业情况来看,只有 17% 签约在沿海地区,只有 20% 签约工资的起点高于 1 500 元。关于择业观念对大学生就业机会获得的影响的调查中发现:“大学生在择业时要求越高,越是要求到党政机关、国有企业、合资或外资企业等工作稳定或待遇较高的单位或要求从事社会地位较高的工作的,就业机会就越少”。

2. “铁饭碗”观念

在精英高等教育阶段,一次择业定终身的观念经过历史的积淀形成了具有普遍性的就业心理。传统的就业观念一般认为,读了大学就应该找一份如国家机关、事业单位、国有企业等一次择业定终身的职业。而在就业渠道和就业方式多元化的今天,一些大学生仍旧摆脱不掉传统观念的束缚,希望找一份一次就业定“终身”,从事稳定工作直到退休的“铁饭碗”工作。这种观念越来越难以适应当前新的大学生就业形势的要求,传统的就业渠道如机关、事业单位、国有企业等,现在也要通过竞争就业上岗,也不能保证永远不被淘汰或终身不变换工作岗位。更何况在市场经济体制下,随着用人制度改革和人才市场的建立,现代人力资源呈现出流动性、市场化和多元化等特点，终身职业的概念正逐渐淡化。其结果是使就业者能够根据社会的需要和自己的技能水平、知识积累及工作经验，从一个部门转到另一个部门，或从一个单位流动到另一个单位，为就业者全面发挥自己各方面的才能创造了良好的社会条件，使就业者的全面发展成为现实。“一次选择定终身”的择业观，已逐渐被动态的“终身”就业观念所取代。

（二）过分强调专业对口

“专业对口”是计划经济体制下人力资配置的产物，在计划经济条件下大学生毕业分配实行“专业对口”，然而在市场机制对劳动力资源起基础配置作用的条件下，社会对各专业各层次人才的需求在不断地发生着运动变化，即使就业初期工作岗位是“专业对口”的，但如不及时调整专业方向，主动适应变化的新情况，也必然会“转岗”甚至“下岗”。由于受计划经济时期传统就业方式的影响，目前大学生在择业过程中仍然过分看重专业对口，而现实中真正专业能与就业完全相符所占的比例并不高。据调查，大学毕业十年后仍然从事大学所学专业的毕业生不到50%。在当前大多数专业人才都供大于求的就业形势下，大学生在就业过程中如果片面强调专业对口，就会无形中限制了自身的就业空间。

（三）依赖心理普遍存在

许多大学生在就业竞争中受到挫折或感受到压力的沉重就变得畏首畏尾，转而依赖他人，具体表现为三种倾向：一是从众心理，自己缺乏独立的见解，不是从自己的综合素质出发做符合自己实际情况的职业生涯规划，而是随大流，别人选大城市、考公务员，自己也跟着去做，却从来没有想过是否适合自己，自己是否有这种能力，因此造成了精力和时间的浪费，加重挫折感；二是依赖政策心理，不是主动出击、积极竞争，而是消极地等待就业信息，或依赖学校推荐，甚至想按政策回生源地就业，心存侥幸，容易错过就业机会；三是依赖家长和亲友心理，自己不去寻求信息、竞争机会，而是认为工作应当由家长搭桥铺路，为自己安排。

二、就业诚信缺失挤压就业成功率

由于近年来大学生就业形势异常严峻，竞争激烈，许多大学生为了在竞争中胜出，做出一些不诚信的行为。大学生的就业诚信缺失在就业的不同阶段都有所表现，主要体现在面试前的自我拔高和面试后的拒签及毁约上。在自主择业、双向选择的就业环境下，大学生自我推销的意识逐渐增强。其中，求职简历是推销自己的重要环节，是用人单位初步评价求职者的重要依据。许多毕业生为了能够求得一个面试的机会，往往在个人简历上下工夫，想要胜出，一部分人便选择了在简历上造假。一些学生在原有的基础上“提高”自己：学习成绩一般变优秀，普通学生干部变成学生会主席和年级班长，更有甚者干脆将他人的证书奖状改上自己的名字，使绝大多数求职者都成为了学校中的“佼佼者”，严重破坏了用人单位对大学生的信任，增加了就业的难度。

在市场配置人力资源的条件下，人才买方市场已经形成，大学毕业生奔波于各大招聘会之间，只要是有可能的机会都去尝试一下，甚至不去考虑这个岗位是否符合自己的预期，也有一些学生抱着积累经验提升能力的态度，把就业当成训练，本来不想去的就业岗位也参与竞争，甚至一些大学生在已经确定了读研或出国留学的安排后，因没事做而频繁试岗。用人单位花费了大量的人力物力对竞聘者进行筛选和考核后决定和胜出者签约，而此时有些大学生才开始认真审视用人单位和自身条件是否相符，选择是否放弃签约；更有甚者从竞争一开始就没有抱着签约的想法，并以对“双向选择”的歪曲理解为自己找借口。有些大学生在就业压力大的情况下，心理偏于急躁和焦虑，在竞争到岗位后出于保底的心理，草率地与用人单位签订就业协议；而后又去应聘其他岗位，随意毁约。这些现象很大程度上使用人单位对大学生的就业诚信失去了信心，更挤压了就业成功率。

三、能力素质欠佳定位又不正确

随着我国经济的发展、高校的扩招，高校大学生就业呈现供大于求的局面，竞争也就成为一种必然。而高校大学生的综合能力和综合素质就是他们在竞争中胜出的关键因素，许多大学生在就业竞争中失利的原因在于其综合素质不高，缺少社会交际能力和吃苦耐劳的精神。高校大学生应具备的能力素质主要包括学习能力、动手能力、表达能力、组织管理能力、交际能力、社会适应能力、团结协作能力和创新能力等。知识是能力形成与发展的基础，能力是对知识的运用，是利用知识和经验来认知事物、解决问题的综合素质的体现。高校大学生在大学期间所学知识，在其未外化时，仅仅是主观上的东西；只有通过社会实践活动，知识外化出来发挥其社会作用，才能真正成为能力。从知识转化到能力的过程中，高校大学生又可以获得新的知识和新的能力，由此可见高校大学生培养能力的重要性。

受高等教育和自身努力的双重因素影响，许多大学生只注重发展自己的专业知识，把眼光放在考试成绩上，实际操作能力和综合素质却没有得到应有的发展，而用人单位恰恰看重的是大学生的实际操作能力和综合素质。市场竞争的日趋激烈让社会对人才的需求越来越强烈，对人才素质的要求越来越高。竞争意识的淡薄使大学生缺乏强烈的成才动机和追求，往往导致其能力素质欠佳。因长期以来受我国传统的应试教育的影响，我国不少的学生已经形成了有好的考试成绩就是优秀学生、分数就等于才能的思维定式，在学习过程中表现为重书本知识，轻实践锻炼的现象，且目前的教育体制比较重视理论知识素质，忽视了对学生综合素质和个人修养的培养，造成大学生们高分低能，能力素质欠佳的状况。

大学毕业生独立能力不够，依赖性强，难以在工作岗位上独当一面，大学生难就业往往就在于就业能力不足，综合素质不高、个人修养偏低，进入就业市场就会不知所措，求职很难成功。尽管如此，仍有部分大学生在校期间不安心学习，不主动提高自己，或过多迷恋网络或自我封闭或自视清高，很少参加社会实践与各种文体科技活动，不注意培养和提高自己的综合素质。自身综合素质欠缺、许多方面的能力不高、缺乏竞争优势，是高校大学生在求职面试时得不到用人单位认可的主要原因。而在能力素质不高时，又不能正确认识、评价自己，定位不正确，大量存在着“眼高手低”现象，在择业上总是选择经济条件较好、生活环境舒适、工资收入高的岗位，而很少考虑自身的特点是否合适。所以，在就业选择时往往错失良机，与就业机会之交臂。

同时，用人单位恰恰看重的是大学生的实际操作能力和综合素质。所以学生自身素质和综合能力是影响学生就业的重要因素和学生成功就业的基本条件，也是用人单位挑选学生的出发点。在市场经济条件下，效益就是生命，对于大多数用人单位而言，它们不要满腹经纶但却无所施展的“文人”，要的是能直接创造价值的“能人”。一些用人单位表示，虽然它们很看重高校大学生的潜力，但对一般的岗位，它们希望能用可以直接胜任的人，而不愿花费相当的经费和精力去培训动手能力差的高校大学生。

广东省教育厅高校毕业生就业指导中心的一份关于应届毕业生就业情况的权威调查报告显示：用人单位普遍反映，高校毕业生专业理论不扎实、缺乏实践能力，对高校毕业生的不满意度较前一年有所上升，“比较不满意”和“非常不满意”的比例也逐年上升。目前仍有一些高校毕业生在大学里只满足于完成应学的课程，缺乏广博的专业知识积累和解决实际问题的能力，思维方式狭隘，灵活性、创新性欠佳，动手能力差，再加上语言表达能力不足，工作经验十分欠缺，这样的大学生必然会就业困难。

四、缺乏对就业形势与政策的全面了解

处在大学校园的大学生，其中绝大部分对社会缺乏认识，对就业环境和就业压力知之甚少，沉浸在学习和单调的大学生活中，对今后的就业及就业形势缺乏必要的了解，总认为就业还比较遥远，到时再说还来得及，不用现在就操心。而一旦临近毕业，在面对择业找工作时，他们就慌了手脚，不知从何着手进行准备找工作。这里最常见的问题是理想和现实的巨大反差，在就业压力已非常严峻的现实面前，绝大多数大学生难以把握自己，从而出现一系列的就业问题就不足为奇了。

其中，大学生对就业政策的误解也是个大问题，如对于毕业离校时未落实工作

单位的高校大学生,学校可根据本人的意愿,将其户口转至入学前户籍所在地或两年内继续保留在原就读学校,待落实工作单位后,再将其户口迁到工作单位所在地,放宽两年的择业期限,是为了促进高校大学毕业生充分就业,是就业政策的进一步完善,但有相当一部分高校大学误解了这一新的政策,等待、观望的心态使他们放慢了就业的步伐,也抬高了他们的就业期望值。

第五章　当前我国高校大学生就业指导与社会需求的差异分析

第一节　高校侧重理论上的指导，社会需要实际应用能力

当前高校大学毕业生就业难的主要原因在于高校培养结构存在头重脚轻的失衡现象。目前，学校多注重理论课程学习，且教材较为落后、专业课程设置不合理，不适应经济社会发展和企业发展的需要；又太注重应试教育，缺乏素质教育，轻视大学生实际技能的培养，导致理论型、学历型人才比例偏多，技术型、应用型人才培养比例过小；又造成大学生的特色和优势不明显，个体的竞争力不强，且存在学校没有为高校大学毕业生了解企业提供渠道，使高校大学生对企业岗位专业知识缺乏了解的现象。这让大学毕业生和用人单位缺乏有效的、实质性的沟通与交流，供求之间没有建立相互了解的渠道。这些原因成为了困扰高校大学生就业的重要因素。高等教育的基本职能是培养人才，以促进经济发展和社会进步。为此，高校应当把能否培养社会发展所需要的人才，当作衡量教育质量高低的主要标准，这在相当程度上维系着高等学校的生存与发展。应该说，目前造成大学毕业生就业难的原因在于现行高等教育体制对目前就业形势的不适应，高等教育急需改革。

一、高校教育体制的“不适应”

由于长期缺乏学校之间的竞争生存关系，高校普遍未将把大学生就业率作为学校的最高目标，这就导致了高校对劳动力市场变化的不适应；个别学科设置存在严重问题，导致一些学科的供求矛盾加剧；在大学生自主择业模式的背景下，一些学校无所作为，学校与人才市场缺乏有效的链接或者相互开放。也有的学者认为高等教育本身存在着问题，导致培养出来的学生和社会需求相脱节，他们认为大学必须面向社会，适应市场需求。现在一些高校不管自身的社会环境和客观条件，一个劲追求上层次、攀高位、向研究型大学看齐。这是不切实际的，会严重制约大学生的合理就业。高校应该根据自己所处的地理位置、环境特点、历史传统、学科优势和教育资源分布等优势，作出符合社会需要的恰当定位，在此基础上制订切合实

际的培养目标和教学方案。总结成一句话，就是在高等教育大众化阶段，高校要满足多种多样的社会需求，使大学生能适应各种不同的工作岗位，就要有多样化的办学模式和理念，大学生就业呼唤也在高等教育的多样化。

二、高校学科专业设置"不合理"

这些年是我国改革开放的新时期，社会发生了深刻变革，我国的高等教育从恢复高考到现在，也已经发展了几十年。但目前高等教育的改革还存在一些问题，如长期不能解决学科和专业结构不合理的现象。高校扩招基本是在原有学科专业结构框架内进行，各类高校不仅办学模式、办学层次不能根据经济、科技和社会产业结构发展及人才市场的需要形成各自的特色，而且在专业设置、教学内容和教学方法上也是老样子，这也加剧了人才专业结构和层次结构的不合理。还有一些新专业办学条件不足，满足不了教学需求。这样的教育体制下培养出来的学生，自然在竞争激烈的人才市场上不具有竞争力。因此，高校如何预测社会发展对各类人才的需求，如何根据社会发展的趋势和需要及时调整专业结构和层次定位都是急需解决的问题。

目前，我国高校的学科和专业设置存在以下两个问题。

(1)中国高校的专业设置和招生计划基本上以政府调控为主，以市场调节为辅。这样，不利于高校根据劳动力市场结构的变化，主动快速地做出相应的调整，只能被动地适应产业结构和科技结构的变化。

(2)许多国家或地区高等教育的专业设置属于社会行业和产业取向，而中国承袭苏联模式，属于学科取向。就拿中国大陆地区与中国台湾地区比较，两地就存在明显差别。大陆地区 1997 年颁布的研究生学科专业目录中，分为 12 个学科门类，下设 88 个一级学科，654 个二级学科。中国台湾地区 2003 年公布了包括本科和研究生的"专业目录"，分为艺术学类、商业及管理学类、工业技艺学类等 18 个学类，下面再设立各种二级学类。从两地专业设置情况来看，中国台湾地区更多地从社会经济、科技和产业发展的角度出发，而大陆地区更多地注重学科自身的逻辑体系。正由于我国高校的专业设置以学科取向，与市场联系不密切，再加上国家计划性较强，因而专业与市场的对接不灵活、不紧密。又因为在中国，专业的设置与调整不是一个高校能够随意做主的，专业的退出与进入周期较长，所以问题难以解决。

三、高校对大学生的就业指导工作力度不够

高校大学生就业指导是帮助大学生顺利就业的不可或缺的学校常规性工作。目前，从总体上看，高校就业指导工作尚缺乏系统性、规范性、针对性。学生由于得

不到来自学校的更全面、更具体的帮助，只能自己在实践中摸索，自己去了解信息、去调整目标和心态，这难免会走弯路，会浪费时间和精力。有的高校没有成立专门的大学生就业指导和服务机构，校内各院系成立专门的就业指导机构就更少，工作一般是由分管学生工作的领导和工作人员兼任。有的高校的就业指导和服务机构还与招生或学生工作合并办公，没有专门的就业活动场地；专职指导人员不足，没有按照教育部文件规定的学校专职从事大学生就业指导人员与毕业生的人数之比为1:500的比例来配备。更谈不上建立一支学历结构、专业结构、知识结构和年龄结构都合理的专职大学生就业指导队伍。由于专职就业指导教师少，而且专业素质不够高，对就业政策的认识不全面、不深入，又终日忙于应付琐碎事务，使其工作态度不热情，服务意识不到位。另外，很多高校就业指导工作专项经费投入严重不足，远远达不到应有的学生学费的千分之五的比例。因此，目前不少学校的就业指导机构存在着缺少办公和活动场地、固定的经费、办公设备和必备的人员等问题，使得就业指导机构不全，职能也不完善。

不少高校将就业指导和就业服务混同在一起，认为就业指导的内容主要是在签合同时盖盖章，向学生发布就业信息，或组织供需见面会等。事实上就业指导是一项系统性的工作，它包括教育、指导、管理、服务等多种职能。它既要对大学生的择业观、就业观、成才观、就业心理和择业技巧进行教育和引导，也要包括职业生涯设计和相关教育培养。尽管多数高校都设立了就业指导中心，但目前就业指导的方法一般都比较简单，主要表现为对大学生和社会职业状况了解分析少，就业指导内容不充实，不分专业、学历，针对性差，效果不理想，达不到就业指导的真正目的，只提供一些一般的就业信息和就业常识，指导意义远远不够。

四、高校对大学生就业思想教育不够

作为高校思想政治教育的一项重要内容，就业思想教育在高校一直是受到重视的。但是，任何思想意识都是特定历史条件下的产物。以前的就业思想教育适应的是"统包统配"政策，在内容上多侧重于专业思想教育和职业道德教育。随着大学毕业生就业制度改革的深入，旧有的教育体系越来越难以适应形势发展的需要。在就业思想教育内容上显现出不全面性，不少大学毕业生就业思想教育仍然停留在帮助大学生确立职业定向，了解人才市场信息，培养其择业求职技巧，使之顺利就业上，缺乏对高校毕业生的职业理想、人生价值观、就业观、成才观、创业观以及诚信素质和择业心理等的经常性的、正规的教育。而这些因素往往是影响高校大学生就业的重要因素，有时，它们甚至是决定性的因素。

在工作方式方法上，高校就业指导仍然存在简单化的痕迹。有些高校往往将实施就业思想教育的任务下达到分管学生工作的基层领导、毕业班班主任或政治辅导员手中，且只对毕业班进行，形式上也多是作个报告了事。就业思想教育缺乏系统性、针对性，可接受性不强，说教成分重，总体上给人以单薄、片面、苍白、零散的印象。即使当时对学生产生了一定的积极影响，甚至受情境感染而使思想境界有较大的提升；但由于其未从根本上解决就业观念，容易时过境迁，教育效果就难以巩固、持久。而高校毕业生自身的问题得不到解决，高校毕业生"就业难"的问题也就不可能得到根本解决。

第二节　学生知识转化能力差，而市场不能提供能力转换空间

从目前就业市场反馈的信息看，用人单位往往看重的是应聘者的实践和经验。高校也已意识到培养学生实践能力的重要性，加强了实践教学的环节，但是实际效果并不明显。目前，大学生的实践能力，包括专业实践能力和社会实践能力还有待于提高。从近几年用人单位反馈的意见中，相当多的用人单位明确表示不要应届毕业生，他们认为现在的大学生普遍存在实践操作水平低、动手能力差的现象。企业招聘进来的大学生往往缺乏观察、分析与解决问题的能力，通常不能立即投入工作，需要花费相当精力对其培训。也有资料显示，应届大学生到岗工作时，实际知识利用率不足，而且多数大学生表现出所学知识转化不出来，不能变成自己在岗的实际能力的问题。

许多毕业生反映，无论采用哪种方式求职，遇到的最大困难都是缺少工作经验。共青团中央学校部、北京大学公共政策研究所联合发布的"2006 年中国大学生就业状况调查"显示，高达 52.14% 的大学生将"缺乏社会经验"视为最困扰大学生就业的主要因素。同时用人单位也表明，缺乏工作经验是大学生与其他就业群体相比的一个明显劣势。由此看来，缺少"工作经验"已成为高校毕业生求职中的一个普遍性障碍。而实际上，我国高校对大学生的教育以灌输理论知识为主，缺乏技能培养和社会实践培训，以致多数大学生动手能力弱，需要在实际工作中锻炼才得以加强。这使得一些用人单位特别是中小企业不愿意雇用应届高校大学毕业生，因为他们过多注重眼前利益，而更愿意雇用那些有工作经验的，一进单位就会创造经济效益的求职者，而广大的应届大学毕业生在"工作经验"这一要求面前显出了明显的弱势。

有些用人单位过分注重工作经验，缺乏人才储备观念。从政治经济学的角度分析，市场经济条件下用人单位作为劳动力市场的主体，都把追求利益最大化作为首要目标，都把创造更多的社会价值作为对就业者的基本要求，而使用有经验的员工比使用无经验的新手更容易达到这一指标和要求。作为刚刚走出校门的高校大学生来说，最缺乏的就是实践经验，虽然大部分高校都设置了毕业前的实习课程，

但时间和深度往往达不到其专业实践的要求。所以高校大学生需要经过一到两年的实践工作才能发挥出其应有的才华和潜能。用人单位以工作经验为借口将刚刚走出校门的高校大学生拒之门外的同时,也给自身带来了负面的影响,造成了企业所需人才与大学生求职之间的供需矛盾。因为具备工作经验的求职者都是从别的企业跳槽而来的,这让企业和大学生之间出现了矛盾。企业招收员工是一种长远的规划,有经验的我才要;而学生应聘却是出于短期的考虑,有了经验我就跳槽。于是也就出现了个别应届大学生求职时打出"零薪水"的就业策略,希望谋求一个工作岗位,以获得基本的工作经验,然后再跳槽。长此以往,势必造成就业过程中的恶性循环,一方面挫伤了大学生的求职心理,降低了诚信度;另一方面也给企业的发展造成了不良影响。

我国很多高校的大学生就业指导所采取的还是传统的"我讲你听"的单纯课堂授课形式,或举办各种专场讲座,邀请一些专家或企业老总传授面试技巧,形式比较单一。缺乏针对不同类别、不同要求、不同条件学生的研究和了解,特别对急需帮助的弱势群体学生(如贫困生、有心理问题的学生等)缺乏分类指导的经验和方法,更谈不上个性化辅导。就业心理指导不够系统科学,缺乏针对性和实用价值。不重视对大学生个性心理的研究和测试,不研究和预测大学生就业市场等,就业指导仅局限在通过上大课、举办讲座等形式让大学生了解国家的就业政策、相关的就业程序和一般的择业技巧、方法等,以及对大学生在就业中出现的问题、困惑给以解答、指导等。但毕业生就业时面临人生的多重选择,往往表现出不同程度的心理矛盾和心理不适,他们更需要的是一种将职业生涯规划与心理状态分析有机结合起来的个别咨询辅导而非集体式号脉会诊。因此,针对当前高校的就业指导,许多学生发出了"我们不要集中营式的讲座,要量体裁衣的指导"的呼声。据调查,大部分学生比较欢迎个别辅导,占到总人数的34.39%,选择比例排在第一位。

第六章 我国高校大学生就业指导新模式的设计

大学生是国家宝贵的人才资源。高校扩招前,我国的高等教育一直是精英式教育,大学生被当作宝贝,供不应求。但随着我国改革开放的深入,高等教育事业得到了高速发展,高等教育也从精英化向大众化演变。从1999年开始第一届扩招后的毕业生人数达212万人,比扩招前的2002年增加了67万人,升幅为30%;2004年毕业生人数为280万人;2005年普通高校毕业生为338万人,比上一年增加58万人,升幅为20.71%;2015年普通高校毕业生为749万人,至2016年全国普通高校毕业生人数达到765万人。

据统计,2015年全国大学生平均就业率为83.1%,也即2015年有127万名大学生未能就业,这就意味着2016年将有892万左右的大学生面临着就业问题。不断膨胀的待就业人数也是目前大学生就业困难的一个直接影响因素。同时,大学生的择业观与市场需求错位更使得大学生在就业过程中难上加难。

因此,寻找一条做好高校毕业生就业指导工作的新思路、新方法至关重要,已成为全国各地高校工作的重点和难点。

在新形势下,为了帮助大学毕业生迈好走向社会的第一步,沉着、从容地选择一份理想的职业,就业指导应该提前介入,让大学生做到未雨绸缪,让他们在思想素质、就业观念、职业能力、职业素质、就业心理、职业评价与自我评价等方面做好充分的就业准备。无论是职业理想的确立、良好的就业观念的形成、心理素质的提高,还是职业能力、职业素质的培养与增强都需要一个长期的教育和培养的过程。但由于人们对就业指导本质的理解带有历史的惯性,且高校大学生就业指导工作起步较晚,再加上受实用主义教育目的观的影响,目前我国高等学校的就业指导工作只在大学毕业前针对毕业生进行。显然,现行的就业指导模式是无法担当如此重任的。因此,根据影响大学生就业的主要因素,以及大学生就业指导的主要任务,借鉴国外高校大学生就业指导的经验和成功例子,再结合我国高校大学生就业指导工作的现状和实际,构建科学的、行之有效的我国高校大学生全程化生涯规划就业指导模式已成当务之急。

第一节　构建我国高校大学生全程化生涯规划就业指导模式的目标

高校大学生全程化生涯规划就业指导模式的目标是要高校高度重视大学生就业指导工作,转变观念,把就业指导工作纳入到学校大的方针政策的建设当中去,建立以市场为导向的培养模式;组建一支高素质的专业化就业指导队伍,从学生入学之前就介入指导,直至其整个大学生涯,甚至到大学生毕业之后的几年都进行跟踪指导,实现就业指导的全程化;以开发大学生潜能、提高其创新创业能力、指导其规划整个人生职业生涯为目的,改进和完善就业指导的内容、形式、方法和手段;深入了解社会与市场的需求,与劳动力市场建立紧密的联系,加强与人才市场的广泛合作,搭建一个与市场互动的大学生就业平台,形成一个良好的就业渠道,构建系统化、专业化、制度化、规范化的高校大学生就业指导模式。

高校大学生就业指导既要注重于提高学生的专业水平,也要注重于提高学生的能力素质,为学生的职业生涯提供坚实有力的保障。具体有四大核心目标。

一、学会认知

学会认知,不仅要重视分类的系统化知识的获取,而且要学会掌握认知的手段。不仅通过考试取得学分,而且应该有意识地培养思维能力;不仅要加深对本专业、本学科的认识,了解本专业、本学科的培养目标,而且要广泛涉猎其他领域,在边缘、在交叉点等广阔的空间探索;不仅要了解自身应该具备的各种素质,为将来就业做好充分准备,而且要提高自我评价能力,了解个人兴趣特长爱好,及早做好职业生涯规划,逐步形成适合本人特点的就业目标。

二、学会为人

人是一切社会关系的总和,任何人都是社会的人,都是一定群体或组织的人。任何人从事任何职业都离不开与他人的联系和交流。因此,学会做人是从事一切职业的前提,也是职业生涯发展过程中的起码要求,就业指导首先要教会大学生如何做人。学会为人,首先是要做一个爱国守法、明礼诚信的人,做一个符合公民基本道德规范要求的人;其次是要做一个有理想、有道德、有文化、有纪律的人,争做时代青年先锋;再次,要了解人的多样性,了解社会的复杂性,学会处理各种纷纭复杂的人际关系和社会关系。

三、学会处事

学会处事是职业适应能力的表征。学会处事，就要理解现代社会越来越注重能力，而不是资历。不仅要有专业知识，更应该具备应用专业知识的能力。学会处事不仅要有考场上回答试题的理论分析能力，还应该具备将理论运用于实践的能力。学会处事，不仅是要在毕业后具备从事专业工作的能力，而且还应该培养自己的创新能力。学会处事，还要求培养大学生的协作能力、交际能力和管理能力。

四、学会本领

求职时要得到重视和重用，必须具备不同于一般的本领。首先，大学生要具备好专业本领，具有在某一方面的专长，必须努力求学，力求在专业方面有所建树。其次，是要具备终身学习的本领。大学生们在学校期间学习的知识、培养的能力只是为他们日后的学习、进步与发展奠定基础，但与科学技术一日千里、知识经济突飞猛进、职业发展日新月异的社会现实要求是有距离的，所以高校大学生们必须具备终身学习的能力，否则就会被社会所淘汰，这也是现代职业发展对从业者的基本要求。只有培养普遍掌握广泛的知识与深入研究少数学科相结合的能力，掌握终身学习的方法，具备终身学习的能力，才能与日益完善的学习型组织、学习型社会相适应，才能从中获取种种发展机会。最后，是要具备求职的本领。培养大学生的职业决策能力以及获取信息、利用信息的能力，加强就业技巧、就业政策教育等。

根据我国高校大学生就业指导的现状，高校大学生就业指导要转变三个观念。

（一）转变就业指导为“就业安置”的观念，树立就业指导要“以人为本”、促进人的主体性和心理发展教育理念

我国由于受计划性就业分配制度的影响，高校大学生就业指导在20世纪90年代初才受到重视并开始研究，但仍然是以帕森斯式的“就业安置”为目的。针对大学生这一特殊对象，这种忽视人的主体性发展和心理发展，只局限于大学生毕业时职业安置的就业指导模式，其弊端日益突出。因此，我们需要树立一种注重人的全面发展，强调开发人的潜能，以人的可持续发展为第一需要的教育理念，也就是要把“以人为本”的教育理念运用在就业过程中，注重对大学生进行个性化的就业指导，把大学生个人的全面发展作为工作重点，以一种长远发展的眼光来指导大学生的就业，使大学生能够终生受益。而目前我国高校只在毕业生中进行有关政策说明、信息提供、应聘技巧传授的就业指导模式，偏离了教育“以人为本”的思想，远远不能适应当前高校大学生和社会发展的需求。

（二）转变就业指导为单纯的针对毕业生进行的观念，树立针对全体大学生进行就业指导的“全程”观念

绝大多数高校的就业指导对象集中在毕业年级，很少将低年级学生列为指导对象。因为人们在认识中存在一个误区，认为只有毕业生才有必要接受就业指导，其他在校大学生没有必要进行这项工作。很多大学生到毕业时才发现自己知识与能力的缺乏，如缺乏一些基本的工作技能，缺乏一些基本的礼仪知识，缺乏自信和勇气等。而这些能力和知识的培养是可以也应该在学生一入校就安排的。因此，就业指导对象应该由侧重应届毕业生，转为面向所有年级和所有大学生。就业指导有阶段性，但它是阶段性的连续，不是大学生毕业时或择业时才发生的临时事件。我们应该按照不同阶段的不同任务实施具有针对性的指导，让大学生做好心理、知识、能力准备，及时应对社会需求，提高适应社会的能力。

（三）转变就业指导为单纯帮助大学生找工作的观念，树立帮助大学生提高就业能力、就业素质，促进大学生全面发展的“全面”观念

就业指导工作不仅具有服务功能，还有教育功能、指导功能，而且主要是教育功能、指导功能。联合国教科文组织在《学会生存》报告中指出，教育的目的不应该是把青年人培养成只能从事某一特定的、终身不变的职业的人，而应该让他们具有在各种职业中自由流动的能力和素质，并因此而永远刺激他们具有自我学习和培训自己的欲望，培养他们的心理功能并激发其创新精神，督促他们养成积极的态度和良好的工作作风。就业指导就应该以培养学生的这种能力为主。就业指导工作的目标应由初级阶段向高级阶段发展，就业安置、帮学生找工作只是就业指导的初级目标，就业指导的高级目标或其主要任务是实现其教育功能、指导功能。可见，就业指导是促进大学生全面发展和个性养成教育系统内的基本环节。而目前我国的就业指导还处于为毕业生找到一个工作，满足有较高的就业率而不论就业质量的好坏这样一种初级阶段。因此，高校大学生就业指导工作需要上一个新的台阶，向高级阶段方向发展，以培养大学生可持续发展的就业能力为目标。

就业指导不仅仅要促进大学生的职业能力的发展，更要促进大学生的全面发展和个性养成。因而，高校的大学生就业指导要从纯技术指导的层次超越出来，注重从更高的层次上来认识和把握就业指导行为；要通过就业指导使青年学生意识到，作为高层次人才，其选择职业的动机不能只停留在“谋生”这一功利型的层次上，还应该主动地创新、创业。因此，成功的就业指导应当从求职技巧指导转向创业意识和自立精神的培养，促进大学生树立这样的意识：不求一时就业，但求终生创业。

第二节 构建我国高校大学生全程化生涯规划就业指导模式的指导思想

目前，职业生涯发展理论已为世界各国广泛接受。在其思想指导下，美国、日本等国的诸多大学都比较注重根据学生的个性特点和生涯发展特点开展全方位的就业指导工作，并已形成一套相对成熟的工作模式。它们的实践证明，这种理论的核心思想不仅是发达国家大学生就业指导工作的主要理论基础，也是我国大学牛就业指导工作理念的客观选择，对完善我国大学生就业指导工作具有重要的指导意义。

本节从大学生思想政治教育中融入生涯教育符合马克思主义的人的全面发展学说、遵循大学生思想政治教育的内在规律、体现科学发展观、顺应生涯教育的发展趋势、表现生涯教育与大学生思想政治教育的内在关联性等方面论述在大学生思想政治教育中融入生涯教育的理论依据。

一、符合马克思主义的人的全面发展学说

马克思指出，人的全面发展，不是个体素质的孤立的自由全面发展，而是指全社会人的整体素质的全面发展和提高。马克思主义关于人的全面发展学说的基本内涵和指向就是实现每个人的自由全面而充分的发展，追求人性的完满与和谐实现，为社会造就有个性的、全面发展的人才。具体包括三个方面：一是人的全面发展意味着个人的智力和体力得到统一发展，如果智力与体力的发展不能统一于一个人身上，那么即使某人在智力或体力的任何一方面得到广泛的、充分的发展，这仍然是片面发展的人，而不是全面发展的人。这一点是人的全面发展的根本标志和实质。二是人的全面发展是指个人的智力和体力的发展统一于现代化的物质生产过程。三是人的全面发展是指社会的一切成员的智力和体力以及才能都得到充分、自由的发展，而不是指某些个人或少数人得到全面发展。

在大学生思想政治教育中融入生涯教育符合马克思主义的人的全面发展学说。在大学生思想政治教育中融入生涯教育，可以改善大学生思想政治教育的效果，在将学生个体发展与社会发展有机结合的前提下，高度关注人、关注人生、关注生命的意义和价值，以学生的发展为导向，激发学生的主体意识，引导学生自主地认识自我、规划自我、实现自我，促进大学生的全面发展。

同时，将理想信念、爱国主义、公民道德、综合素质等思想政治教育内容融入学生实现自我的生涯发展过程中，引导学生从表现个性向完整人性发展，进而成长为全面发展的、符合社会经济发展需要的人。

二、遵循大学生思想政治教育的内在规律

在大学生思想政治教育中融入生涯教育，也遵循了大学生思想政治教育的基本规律。

（一）大学生思想政治教育中融入生涯教育遵循了大学生思想政治教育的基本规律

大学生思想政治教育基本规律可以概括为“适应超越规律”，即教育内容、方法等应与大学生思想品德的实际状况相适应，又应有一定的超越性，满足其精神世界长远发展的需要，推动其思想品德朝社会要求的方向不断发展。在大学生思想政治教育中融入生涯教育，应以适应学生为前提，变思想政治教育的空洞、抽象为融入生涯教育内容，满足学生的需要，变传统的“灌输模式”为“关心模式”，变“凌驾在社会生活之上”为“向现实生活的回归”。贴近学生学习生活，贴近学生成才实际。引导学生立足自我、审视自我，把个体的成长需求转化为接受教育的内在动力，激发学生成才的主动性和创造性，使思想政治教育的导向作用、协调作用、激励作用得到更加充分的发挥，使思想政治教育的内容更加符合教育目标的要求。

（二）在大学生思想政治教育中融入生涯教育遵循了双向互动、内化与外化相统一和动态平衡等教育规律

1. 遵循了教育者与受教育者双向互动的规律

将生涯教育的内容和方法等融入大学生思想政治教育中，通过指导学生的生涯发展对大学生进行思想政治方面的教育、引导和培养；同时，充分发挥学生的主观能动作用、教师的主导作用和其他思想政治教育者的主导作用，实现双向互动，相辅相成。

2. 遵循了内化与外化相统一的规律

在大学生思想政治教育中融入生涯教育，可以从生涯发展的角度引导学生将一定社会的思想品德要求内化为自己的思想品德认识，引导学生将已形成的思想品德认识外化为自己的思想品德行为，如此内化与外化相结合，使学生提高思想政治认识，陶冶道德情感，磨炼道德意志，坚定理想信念，养成良好的道德行为和习惯。

在大学生思想政治教育中融入生涯教育，能引导学生在学习发展、成才过程中，既在全球化进程中理解人和社会、人和世界、东方和西方的关系，又有立足和弘扬本国思想政治教育特色、提升人格境界、保持思想政治教育本源的行动。既拓宽了学生国际视野，又引导学生继承和发扬优良传统，培育民族精神和爱国情怀。

三、体现科学发展观

科学发展观的核心是“以人为本”，发展是第一要务，强调坚持全面、协调、可持续的发展。对于我国高校人才培养来讲，坚持科学发展观有三层含义：一是要坚持以学生为本，致力于大学生的全面发展，把教育培养和大学生的成长、人生价值的实现、个人的幸福联系起来；二是要尊重大学生的个性发展，满足大学生的潜能开发的需要；三是要担负起大学在建设和谐社会中应有的社会责任，提升大学生对时代和社会的适应能力，从而为国家和社会提供高素质的优秀人才。在大学生思想政治教育中融入生涯教育，能凸显人的主体性，发展学生的主体性，重视学生的自由发展和人性的和谐实现。同时，统筹兼顾个人和社会，将学生的发展与国家、社会的全面发展连为一体，实现人与社会的全面协调可持续发展，因而体现了科学发展观的要求。在大学生思想政治教育中融入生涯教育，意味着在大学生思想政治教育中把学生的利益放在首位，通过渗透生涯教育，来促进学生的人性化发展。

在大学生思想政治教育中融入生涯教育，首先体现了“以人为本”这个核心，因为它首先考虑的是学生的需要、学生的利益，使思想政治教育内容与学生的思想实际和发展需求相适应；其次体现了发展是第一要务，因为它能更具体、更能动、更科学地促进学生整个生涯的发展，相对某些单方面的突出发展而言，更加强化了生命全程的发展和生活整体的发展；最后，坚持了全面、协调、可持续发展，生涯教育着眼于学生长远未来的发展，既有全程目标导向，又有阶段任务侧重，以引导学生职业生涯发展为主轴带动全方位的协调发展和成才。

四、顺应生涯教育的发展趋势

生涯教育起源于美国，萌芽于20世纪初的职业指导。从职业指导到职业辅导再到生涯辅导，西方国家的生涯发展理论和教育实践经历了快速、全面、深入的发展。1971年，美国联邦教育总署署长西德尼马兰在全面的教育改革中正式提出“生涯教育”的新观念及新构想，特别强调将生涯发展、态度及价值观等概念和内容融入传统的学业课程中。生涯教育的重点在于生涯意识、生涯探索、价值观澄清、决策技能、生涯定向和生涯准备。生涯教育产生之初是为了解决学校教育与社会劳动脱节的问题，也在欧美等国家学校教育改革运动中发挥了重要作用。

随着国际竞争的加剧，各国越来越意识到培养人才与国家竞争策略之间的紧密联系。怎样使学校教育培养的人才成功地走入职业界，并尽快适应职业生活，进而创造生产力、增强国际竞争力，已成为国家政府关注的重大问题。英国、澳大利亚等国家纷纷出台类似的“职业发展纲要”，帮助学生实现从选择工作或课程向更广阔的生涯管理技能的发展。在亚洲，许多国家开始注意职业生涯教育对促进入力资源开发和增强国家竞争力的重要作用。新加坡政府认为,在全球化以及国际竞争的时代趋势下,生涯教育不能只停留在个人化的层次,而更应以人力资本的观点,将生涯教育纳入国家整体竞争的策略。同时,他们在此脉络下构建了"国家生涯最佳化策略"模式,将生涯教育放入一个宏观的国家行动框架之下。这些改革将生涯教育列入学校的教育计划,明确了其在学校中的地位和作用,这正是对全球化和国际竞争的有力回应,是着眼于国家整体的人力资源发展,以人力资本的观点来发展国家竞争力策略的真正体现。由此可见,生涯教育在个人职业成长、国家人力资源战略方面所具有的重要意义逐渐凸显,我国也开始重视生涯教育,并将其视为学校教育的必要内容以及落实党的十七大指明的"建设人力资源强国"的重要战略工作之一。

我国则以国际上较为公认的生涯全程、生活整体的生涯教育发展趋势和作为国家人力资源战略的发展趋势为本,学习借鉴国内外生涯教育的理论和实践,结合当前我国的教育目标以及中央16号文件对大学生思想政治教育内涵的全面界定,必须在大学生思想政治教育中融入生涯教育,将大学生生涯教育的目标定位为引导学生生涯认知、生涯探索、生涯决策、生涯规划、生涯行动,使大学生在思想素质、政治素质、道德素质、学习发展、生活管理、身心健康、素质拓展和职业规划等方面全面发展。

在大学生思想政治教育中融入生涯教育,比较符合中国高等教育的国情,能通过大学生生涯教育促进大学生的全面发展,符合中央16号文件中大学生思想政治教育要培养德智体美全面发展的社会主义合格建设者和可靠接班人的指导思想。既符合生涯的内涵,又符合教育的目标,跳出了仅含大学四年的时间局限和仅限职业发展的范围局限,着眼于学生的终身发展、全面发展、充分发展、和谐发展,着眼于学生在最大化地实现自身价值的同时,也最大化地实现社会价值。

大学生就业指导应以生涯发展理论作为基础,体现出尊重人、关爱人、发展人的初衷,注重开发人的潜能和人的全面、和谐发展,不仅要使大学生实现成功就业,更要使学生终身受益。它能否达到预期的目的和效果关系到我国的方方面面,例如社会、高校、学生及家庭等。然而,在当前一定时期内,高等学校将仍然是高校毕业生就业指导与服务的主战场。高校应更新大学生就业指导观念,树立以人为本的教育理念,赋予大学生就业指导工作新的内涵,构建生涯发展理论下的大学生就业指导框架体系,变革大学生就业指导模式。这是高校毕业生资源市场化配置的需要,是深化高校教育教学改革的必然要求,是高校毕业生顺利就业的保证。

第三节 构建我国高校大学生全程化生涯规划就业指导模式的结构体系与组织机构

一、高校大学生就业指导模式的结构体系

高校大学生就业指导模式的结构体系是指由政府与社会、学校等参与相互补充而构成，针对解决大学生就业而形成的一个体系，其基本要素是政府、学校、企业、职业介绍机构和大学生。

政府的职责是宏观调控，政策指导，起到统领全局的作用。在大学生的就业服务中，政府所起的作用是不容忽视的，无论是政策扶持还是资金投入，政府都有直接的干预权，其作用是基础性的和前瞻性的。在目前我国社会就业岗位不充足，高校专业设置结构不合理的前提下，政府在大学生就业指导中的主导作用尤显突出。从整个社会的视角出发，政府直接作用于宏观政策调整，人才资源配置，高校结构调整，用人单位硬性配合等各个领域之中。因此也只有国家政府真正的重视起大学生的就业问题，并给予一定的政策扶持和资金投入，大学生就业难的现象才能在一定程度上得到切实的缓解。

高校是大学生就业指导的主要承担者，在大学生就业活动中发挥着核心作用。就业指导贯穿着大学生的整个学习生涯，指导学生选择专业和课程，了解就业市场需求，帮助大学生制订生涯规划，注重对大学生的职业观和与职业有关的知识、技能的培养，使大学生在对自己的个性充分了解的基础上，养成积极主动地选择和决定自己未来发展的态度和能力；并且在各个方面积极响应政府的各项政策与号召，同时又主动与用人单位联系，帮助大学生更好更快地就业，大学生的就业不仅关系到大学生自己的切身利益，也关系着高校的存亡，就业指导应是高校不可缺少的一部分。

用人单位与中介机构也是就业指导的必要补充。用人单位作为大学生毕业后的去向，在整个大学生就业服务体系中起着不可低估的作用，用人单位的招新要求和应聘条件成为大学生倍加关注的焦点。企业应积极参与到大学生就业指导中来，企业应加强与高校的联系，不断将自己对人才的需求以及对大学的要求提供给大学，以便大学进行相应的改革。积极为大学生提供实习、实验场所，对大学生的实习加以指导，使大学生具备更强的动手能力和实践技能，毕业后，大学生便能直接上岗，这对企业和高校来说是一件双赢的事。就业中介对大学生就业也有很大作用，也是大学生就业的一个主要途径之一。中介是大学生和用人单位之间的纽带，也是大学生就业服务工作的补充。

同时，大学生应积极参与就业活动，发挥主观能动性。大学生综合素质的优劣也是大学生能否就业的关键因素。大学生平时就应注重提升自己的专业素质和实践技能，注意养成积极主动的思维方式和行为习惯，为在就业时积极参与、掌握主动权打下良好基础。充分运用掌握的信息技术知识和能力，获取就业情报，了解企业的基本情况，把握就业主动权，为顺利就业服务。如果说高校是"工厂"的话，那么大学生就是"产品"，"产品"质量好了，"买家"数量就会增多，从大学生自身的角度出发，大学生的就业能力、就业心理、职业规划等各个方面都存在很大的提升空间。

二、高校大学生就业指导模式的组织机构

建立新型的高校大学生全程化生涯规划就业指导模式的组织机构需要实现教育、管理、服务三位一体。高校要建设良好的硬件环境，提供充足的经费、专门的就业指导场地和现代化的计算机等网络通讯设备，实现学校与地区乃至全国的就业网络信息化连接。为了提高就业服务的效率，必须强化就业指导机构职能。可以根据大学生就业的需要把就业指导机构划分为四个职能部门，即就业指导部门、市场发展部门、就业信息部门及综合事务部门。

就业指导部门负责制定全校大学生就业指导与咨询的计划与目标，组织就业指导的实施和各类讲座的联系与安排，对在校生进行就业指导、咨询和职业能力测试以及职业辅导和发展理论的研究等工作。

市场发展部门负责联络用人单位，向社会与企业宣传学校及学校的学生资源，不断扩展优秀企业加入需求本校大学生的行列，密切与用人单位的联系，使之成为本校毕业生工作以及就业实习的常年基地，向企业与有关人事部门提供学生资料，安排校园招聘活动以及与就业有关的各类讲座、用人单位资料库的管理。

信息技术部门负责提供就业中心所有信息的发布与联络，维护平台以及提供可靠的技术支持，负责就业软件开发、更新与维护。

综合事务部门负责就业协议签证、改派外地生源进入本地的签发、报到证的发放、管理及派遣事务、户籍转移计划的审定与操作和毕业生档案及组织关系转移等工作。就业指导机构的服务目标是整合学校资源，调动社会力量，推进毕业生就业机制和体制改革，将就业工作的中心由管理向服务与指导转移。

第四节　构建我国高校大学生全程化生涯规划就业指导模式的基本思路

一、更新我国高校大学生职业生涯观念

(一)树立正确的职业规划理念,重视大学生职业生涯规划指导

在我国,大学生职业生涯规划指导工作虽然已经开展多年,但是由于受到各种主客观因素的影响,高校大学生职业生涯规划指导工作一直没有得到社会、高校和个人足够的重视。从社会和高校的角度上来讲,国外高校学生职业生涯规划指导之所以可以长期高效的开展,很大程度上是得益于其强有力的制度保障。而我国政府和高校在这方面的制度跟进还几乎为零,也缺乏相应的法规政策,这不但使高校的大学生职业生涯规划指导工作受到比较大的阻力,也在一定程度上降低了指导人员工作的热情,在传统的高校"大锅饭"的观念影响下,指导人员只是机械地完成各项事务性的工作,工作效率大打折扣。所以作为国家本身,应该为高校大学生职业生涯规划指导工作提供一个有利的制度保障,将大学生职业生涯规划指导法制化,将其作为一项高校大学生必修的课程纳入到高校的教学体系中去,并可以成立专门的大学生职业生涯规划评估小组,对各个高校的大学生职业生涯规划指导工作进行考核。高校在大学生职业生涯规划中承担着重要责任,发挥着重要的作用,也必须充分认识到职业生涯规划对大学生的作用和意义,在思想上重视大学生职业生涯规划指导,并通过各种宣传途径广泛宣传大学生职业生涯规划指导工作的重要性。高校一方面应鼓励大学生进行职业生涯规划设计,另一方面也使全校教职工能够重视大学生职业生涯规划设计,积极为大学生提供指导。同时,高校本身还应该出台有关大学生职业生涯规划指导的相关政策,如可以将从事高校大学生职业生涯规划指导工作人员的收入直接与其工作的业绩和成果挂钩,大学生对职业的满意程度、大学生被社会的接纳程度直接影响高校从事大学生职业生涯规划指导老师的收入水平。这在一定程度上,可以大大提高老师工作的主动性和积极性。

从大学生本人的角度上来讲,随着我国高等教育的日益大众化,社会的就业压力日益加重。虽然已经有越来越多的高校大学生开始感受到就业的压力,开始渴望接受大学生职业生涯规划的教育;但是还是有相当部分的高校大学生的职业理念还不够成熟。所以帮助大学生树立自我成才、自我管理的职业观念,并抛弃"专业决定论""家长决定论""择业决定论"和"生涯未定向论"等错误的职业理念,真

正认识到职业生涯开发与指导有助于提高大学生对自我的认知能力，帮助其自身定位并提升学习的动力，发挥其潜能，增强就业的竞争力，提高职业选择的成功率和满意度。

(二)实现从“就业指导”到“生涯辅导”观念的转变

大学生职业生涯规划指导与简单的就业指导最本质的区别在于，前者是将大学生的职业生涯和个人的发展看作是一个整体，让大学生能通过自我了解和自我评价、自我规划的教育学会适应社会的快速变迁，了解社会职业变化的方向，能够规划和决定自己的职业生涯发展目标，它以发展为主，注重指导的探索功能；后者则仅仅限于个人在面临职业选择时进行的信息服务、政策解说、组织招聘活动和求职技巧的指导，仅限于就业安置一个环节，也只能满足于帮助大学生找到一份工作。大学阶段是大学生进入职业领域前系统的、完整的准备阶段，大学生职业生涯规划指导要帮助大学生客观的认识自己的心理、生理特征，发展自己的兴趣爱好和能力，用职业理论规划自己的职业生涯，为今后的就业、创业做好准备。所以说，作为大学生职业生涯规划指导工作的主要承担者，高校开展大学生职业生涯规划指导的目的，不应该仅仅满足于帮助大学生寻找一个就业的机会；职业生涯规划指导也不应只是大学生毕业前才进行的一个阶段性的工作，而应该是一个长期的准备过程，是一个指导大学生制定初步的职业发展规划的过程，是一个指导大学生选择好第一份工作的过程。大学生职业生涯规划指导应该兼顾大学生个人特征与社会的需要，以期望达到职业适应性而进行的自觉、自立、有科学根据的计划职业发展和合理选择职业的过程。

(三)树立“以学生为本”的职业生涯规划指导理念

国外成功的经验与目前我国高校大学生职业生涯规划指导的现状告诉我们，重视高校大学牛职业生涯规划指导工作，就一定要改变原有的“学生找到工作，学校完成任务”的老的工作观念。学校在开展大学生职业生涯规划指导工作的同时要树立“以学生为本”思想，增强工作人员服务意识和服务水平。一方面，高校的大学生职业生涯规划指导人员要在现有的基础上做出相应的调整，其工作人员需要是经过严格职业指导培训、具有人力资源管理、咨询管理、心理学等较强的专业知识，并能够熟悉掌握各类职业测评软件，有一定调查研究能力和信息处理能力的专业人员；另一方面，开展大学生职业生涯规划指导的工作要为大学生个性化成长提供空间。要根据大学生不同的认知特征、兴趣爱好、动机需要、职业倾向和创造潜能，实施个性化的咨询、指导与教育，且高校大学生职业生涯规划指导还要因材施教，因人而异。在指导大学生进行职业选择时，应根据不同个体的不同职业生涯需要，设计不同的问题，确定不同的内容，制订不同的环节和步骤，引导大学生自己解决所面临的问题。同时,高校大学生职业生涯规划指导要注意培养大学生的独立生存能力和创业精神,使大学生在不断变化的就业市场中真正能掌握职业选择和事业发展的主动权。

(四)借鉴国外已有的经验和模式

在许多发达国家,大学生职业生涯规划指导起步比较早,至今已经有近百年的历史,他们大都已经形成了自己的特点,并有着非常宝贵的经验。根据我国的国情,科学的、有针对性地借鉴国外高校先进的大学生职业生涯规划指导经验和模式,可以有效地缩短我国在大学生职业生涯规划指导这个领域的探索时间。

1. 借鉴国外“全程化”的大学生职业生涯规划指导模式

以美国为例,其大学生职业生涯规划指导的工作明标明确、重点突出,已经形成了一套非常完整、健全的体系,其职业生涯规划指导不是仅针对于大学毕业生,而是面向全体大学生,也不是仅在大学生毕业的前夕开展,而是贯穿于每个大学生整个大学的学习生涯,形成了全程化的大学生职业生涯规划指导的模式。其大学生职业生涯规划指导首先从大学生职业价值观教育入手,帮助大学生树立正确的职业价值观念,认为职业价值观是每一个大学生所应具有的对待职业最基本的态度,是每个人衡量各种职业优势、意义、重要性的最直接的内心尺度,也是对待职业的最关键的一种信念和态度。

职业价值观的正确与否会对大学生整个四年的学习态度和心理健康产生重大影响。在此基础上,对二、三年级的大学生,侧重于帮助大学生了解不同专业的就业市场需求情况,通过组织大学生参加各类人才市场招聘实践、搜集求职信息和参加面试等职业活动来进行职业分析和准备,有计划地学习职业技能,了解社会职场的具体需求,培养大学生的职业创新能力和职业分析能力,并养成独立思考和综合学习专业知识的能力,进一步地完善自己的知识结构,全面提升自己的综合素质。同时,引导大学生能根据自己的兴趣、爱好、特长,利用专业的职业测评软件来指导大学生正确地制订自己的职业生涯目标和职业生涯策略,并且明确自己的职业生涯路线。对于高年级的学生注重职前的培训和角色转变的教育,引导大学生学会适应社会,通过某些职业的岗前技能培训,教育大学生要进一步的认清自我、探讨工作选择和职业发展,为即将从事的工作积极搜集资料和材料,探索有可能的机会,参加面试。同时强化大学生的职业道德教育,教育他们要安心本职,虚心学习,勇挑重担,乐于奉献等,以适应社会和职场的变化。

2. 借鉴国外“市场化”的大学生职业生涯规划指导模式

国外高校的大学生职业生涯规划指导不仅仅满足于学校职业生涯规划指导机构给予的上课和咨询指导,还非常注重和社会、企业的合作,它们通过“送出去”和

“请进来”的模式，来为大学生正确地规划职业生涯提供宝贵的经验。

一方面，它们注重同社会、企业的合作，共建大学生就业实践的基地，将自己的大学生“送出去”，倡导实践性的大学生职业生涯规划指导。如在美国，一些知名高校均有一批长期保持密切关系的企业和机构，它们通过组织大学生实习、工作，增强大学生的社会实践能力和社会适应能力，也为供需双方提供相互选择的机会；在英国，高校充分利用志愿者行动为大学生提供工作经验，英国高等教育创新基金还出资用于高等教育与企业之间的交流和开发，包括建立高等教育机构与企业合作的知识技能交流中心，创建与实际工作紧密结合的基础学位教育。这种高校与企业、社会共建大学生就业实践基地的形式，既可以使大学生在比较真实的工作环境中能积累丰富的实践经验，又可以使大学生及时了解到自己所学专业与社会需求的差距有哪些，从而能够更好地认识自己、认识社会，规划自己未来的职业发展。

另一方面，国外高校也意识到许多大学毕业生在择业的时候存在很强的盲目性、随机性和从众性。虽然许多大学生在毕业前拥有许多“证书”，却得不到用人单位的青睐，其原因并不是自身的学历条件差或知识结构不合理，而是用人单位认为应届毕业的大学生们只学到书本知识而没有掌握学习方法，实际解决问题的能力弱，缺乏团队精神、人际沟通能力和自我认识，而且对未来的发展目标没有规划。所以学校应经常邀请社会知名企业的专家来校开设讲座，甚至聘请很多跨国大企业的执行总裁或高级人事经理在校担任大学生职业生涯规划指导的名誉教授和顾问，专门为大学生开设如何应对社会职场需求及企业职业人需求的课程，组织大学生和企业开展联谊活动，让大学生能在接受书本知识的同时也能了解到企业对大学生其他素质的需求。

3. 借鉴国外充分利用现代化通信工具的辅导模式

国外高校充分利用其发达的现代信息技术优势，创办各类校园职业生涯规划指导网站，为大学生提供快捷、方便、多形式的职业教育、指导、咨询等服务。这类网站可开辟职业生涯规划指导的理论介绍、就业信息、职业导航、心理测试和职业咨询预约等服务版块，使大学生职业生涯规划指导能够与时俱进，服务方式也更为人性化和现代化，这方面，日本高校以服务为中心的模式值得我们借鉴。

4. 充分认识我国高校大学生双向选择、自主择业制度

“双向选择”和“自主择业”这一就业制度对高校大学毕业生就业指导工作提出了新的社会职能要求。这种职能最初主要表现为高等学校指导和帮助大学毕业生实现择业角色的转变，配合政府做好大学毕业生的就业分配工作，继而发展为择业与用人双方的选择。伴随着高校大学生毕业分配制度的彻底变化，高校大学生的“就业指导”职能已经转化为就业服务，但目前这种服务还仅仅体现在大学生的就业指导工作方面，远未落实到专业的设置与教学计划的制订和实施上。其结果

就是一些高校特别是地方高校的一次性就业率明显偏低。因此，在我国高等教育由精英教育转向大众化教育的今天，高校大学生就业指导工作的定位与职能必须加以调整，以完全适应双向选择、自主择业的大学毕业生就业制度的需要。即高校应从原来协助政府部门直接进行就业分配转向为大学毕业生择业和用人单位录用人才提供必要的支持服务。必须改变就业指导只是毕业生分配工作的一种转换形式的认识，我们要努力使就业指导成为高校的一项常规性的教学与管理工作，使大学生就业指导工作与其他教育与教学工作联系起来；把就业指导工作与大学生的成长和长远发展结合起来，使高校对大学生的“营销管理”能全面、全员与全过程地贯彻于高校人才培养工作的始终。

(1)双向选择、自主择业是一种在国家有关政策指导下的高校大学生就业制度，具有很强的政策性

有效地将国家的有关政策特别是就业政策和信息及时准确地传递给大学毕业生以及所有在校的大学生和教工，应该成为高等学校的一项经常性的工作，成为高等学校人才培养与教学工作不可分割的组成部分。

(2)双向选择、自主择业是以学校为主体的大学生就业指导活动

它不仅要求高校承担起就业政策指导与就业信息传递的责任，也要求高校具体地做好推荐大学生就业、指导大学生自主选择职业的工作。如果说推荐大学生就业是一项在某个特定时期的工作，那么如何指导大学生确立正确的择业观就是一项长期的工作。要真正做好大学生就业的推荐工作，高校要做的事情就不是一般地写写推荐意见，而是要与社会各界建立密切的联系。也就是说，在市场经济条件下，高校必须成为市场经济的有机组成部分。

(3)双向选择是大学毕业生选择职业的一个重要渠道

这里包含两层含义，一是大学生选择职业而不是学校包办职业；二是双向选择只是大学生选择职业的一个渠道而不是唯一的渠道。前者要求我们充分考虑大学生的意愿，并把它看作是大学生能力培养的一个过程而进行相应的指导；后者则要求我们注意克服为了完成任务而层层分解指标的短期行为，对于离校时没有找到工作单位的毕业生继续给予必要的指导、帮助和关心。

(4)双向选择的最后决定权在用人单位

虽然大学毕业生有选择用人单位的权利，但择优录用则是用人单位选择大学生的一项原则。除少数情况外，是否录用的决定权在用人单位。但这不应成为高校抱怨其毕业生一次性就业率不高的理由，相反却需要我们进行更深刻地反思。因为我们不得不承认的现实是，不论是在中国还是在外国，劳动者在与雇主建立劳动关系的问题上，总是处于事实上的弱者地位。因此，高校必须承担起维护大学生合法就业权利的责任。而高校要想在就业问题上能够对用人单位施加适当的影

响，就需要加强与社会各界的密切联系，必要时可与有关单位建立起相对固定的产、学、研合作关系等。

从上述角度来认识高校大学生的双向选择与自主择业，不难发现国内外高校在大学生就业指导思想与观念上以及教育和教学观念上的差距。因此，高校大学生的就业指导工作不仅需要转变观念、重新定位，也需要在内容上和时空上拓展和延伸。

三、确立高校大学生就业指导工作的新理念

分析我国高校大学生就业所面临的困难后，借鉴国外先进的就业指导理论和模式，从高等学校的层面出发，我们认为高校大学生就业指导，应“以学生为本”，立足于正确处理好高校大学生的学业与职业生涯、就业和事业的关系，促进学生“四业”协调发展，即以学业为基础，以职业生涯规划为导向，以就业为前提，以事业为目标，统筹兼顾、协调一致、循序渐进地开展高校大学生就业指导。

（一）以学业为基础

学业，是指大学生在大学期间应该在德智体等方面提升自己的诸多素质。它不仅包括专业学习，更包括思想道德素质培养、文化知识技能掌握、个人综合素质提高、创新意识、动手能力的训练等各方面。我们要对全体高校毕业生灌输这个概念：学业是职业生涯的起点，是就业和事业发展的基石。学业不好，就不能就业，更谈不上创造事业。

（二）以职业生涯规划为导向

职业生涯设计的内容就是人生理想、学习目标、生活目标和职业生涯等项。实质和核心是引导高校大学生通过自我认识，促进自我成长，最终达到自我实现的目标。职业生涯指导是激发大学生自觉学习的积极性和主动性，把就业的压力分解到高校的每个学期的有效措施，是个性化的、量体裁衣式的。现在许多高校对新生普遍进行心理测试，了解大学生心理状况，对开展大学生思想政治工作起到很好的作用。若能把职业生涯规划教育前移到高中阶段，或者学生进入高校即开展学生性格与职业匹配的测试，指导并允许部分学生及时调整专业，无疑将极大调动大学生的学习兴趣和主观能动性，全面提高学习质量。

（三）以就业为前提

就业是连接学业与事业的桥梁，是它们的关节点。一方面，高校大学生了解就业市场导向，就会积极努力提升自己的学业，找准专业方向，促进学业进步；另一方面，如果顺利实现了就业，就为通向事业成功之路作了铺垫。如果不能顺利就业，就失去了走向成功的阶梯。所以，为日后成就事业，首先要就业。而为了顺利就

业，就要搞好学业。

（四）以事业为目标

追求成功的事业、实现自身的价值，是每个高校大学生的人生理想。高校大学生只有在具体的职业、具体的工作岗位上，才能真正地认识自己、调整自己、完善自己，找准自己的职业定位，实现自己的事业理想。如果职业不适合自己，没有关系，可以转行，可以从事多个职业，逐步找到最适合自己发展的职业。对高校大学生进行就业指导，就是要帮助他们尽早地了解职业发展倾向和潜能，培养职业发展能力和素质，规划职业发展战略和道路。高校大学生实现自己的价值，也就会体现高校价值，创造社会价值，达到学生、高校、社会协调发展的良好局面。这无疑是以自己优秀的学业、顺利地就业为基础的。

四、将大学生职业生涯规划工作纳入学校思想政治教育工作体系

高校大学生职业生涯规划与思想政治教育在目标层次上具有统一性、在功能作用上具有互补性、在内容原则上具有交叉性、在实际工作中具有异曲同工的效果。从另一个角度来说，成才和价位实现是大学生的根本利益和首要需求，而职业生涯规划抓住了这一根本利益，是新形势下开拓思想政治教育新途径的有效形式。因此，将大学生职业生涯规划工作纳入学校思想政治教育工作体系，可以增强大学生职业生涯规划的实效性。

（一）明确思想政治教育目标，确保大学生职业生涯规划的正确方向

从思想政治教育的目标看，思想政治教育的根本目标是提高整个中华民族的思想道德素质和科学文化素质，提高人们认识世界和改造世界的能力，动员广大干部和群众为建设有中国特色的社会主义和实现共产主义崇高理想而努力奋斗。思想政治教育能根据社会的需求通过学校有意识地、系统地帮助大学生合理规划职业生涯，提高大学生综合素质，促进大学生的全面发展。

（二）深化思想政治教育的内容，培养大学生的综合素质

1. 深入开展世界观、人生观、价值观、择业观的教育，帮助大学生树立明确的职业理想，端正人生态度进行合理的职业定位

社会发展的需要是职业理想的客观依据。思想政治教育的一个非常重要的目标就是按照社会的需求通过学校及社会有意识地、系统地、长期地培养和提高人们的思想道德素质，促进人的全面发展。所以思想政治教育能帮助大学生树立明确的职业理想，将个人志向与国家利益、社会需要有机结合起来，同时确立自己的职业目标。此外，思想政治教育能积极地通过开展辩论赛、讲座等活动，让学生在学习思辨中摆正个人利益和国家利益关系，同时也可以利用网络引导学生正确利用

网络获取知识，从而帮助学生树立正确的人生观，正确地对待理想和现实、个人与社会的矛盾，自觉抵制市场经济中的拜金主义和来自网络或外来文化的冲击和诱惑。

2. 对大学生进行忧患意识教育和艰苦奋斗教育，帮助大学生继承和发扬优良传统

当前市场经济残酷的竞争增加了就业的困难。我们要面临的是适应国际化的竞争，在大学生职业生涯规划中，加强大学生忧患意识教育和艰苦奋斗精神的培养就显得尤为重要。它能帮助大学生正确进行自我分析和职业分析，使其正确对待自己的优势和劣势，保持积极、乐观的心态，同时又能引导大学生认清发展道路上的曲折，培养大学生良好的道德修养和健康的心理素质。例如，正确对待择业挫折的心理素质，敢于竞争、善于竞争的心理素质。在职业生涯规划时，我们要指导大学生根据职业和社会不断发展的具体要求，积累丰富的科学知识，进行科学合理的重组，建构合理的知识结构，最大限度地发挥知识的整体效能，这就要求大学生发扬艰苦奋斗的精神。在开展思想政治教育过程中，一方面，它要强化学习目标教育，帮助大学生制订合理的学习目标，将社会需求纳入大学生职业生涯规划中；另一方面，它要努力做好专业思想教育，稳定大学生的专业思想，在进行学习目的、专业思想教育的过程中，要根据大学生个体情况因势利导，加强专业系列讲座和就业指导课的教育。

3. 通过加强主体意识、合作意识的教育和培养，帮助大学生实现独立性与合作性的有效统一

国际教育局局长泰得斯在论及教学方法时强调了培养学生合作精神的重要性，他指出："社会无论在其经济领域，政治领域，还是在其文化领域，现在都越来越需要合作、协调，思想沟通和接受批评。"大学生规划职业生涯时要求大学生具备独立的思考，有独立解决问题的能力。思想政治工作者既要创设各种环境条件让大学生自主思想，自觉设计规划职业生涯，又要防止人学生单方面强调主体性的个人主义。思想政治教育要加强培养实践能力，组织大学生参加有益的职业训练，通过举办集体活动、课堂分组讨论等方式有意识、有目的地培养大学生的合作意识。

4. 开展先导性职业道德教育和法制观教育，有效地促进大学生向现代职业人的转变

面对当今出现的一些诚信缺失现象，高校有必要开展先导性职业道德教育和法制观教育。学校可以通过就业指导课，使大学生初步了解作为未来的职业人的道德要求，使他们将来走向社会时不仅具有知识技能的准备，也有职业道德规范的心理准备，使他们能以正确价值观对待自己的职业；同时使大学生自觉遵守国家的法律与纪律，正确行使民主权利，合法致富。贯彻思想政治教育的主体原则，扩展

因材施教的方法，增强大学生规划的层次性。所谓主体原则，是指作为思想政治教育主体的教育者，将受教育者视为教育主体，充分尊重他们的主体地位，注重调动其自我教育的积极性，来实现思想政治教育目标的行为准则。大学生在职业生涯规划中的自我分析、自我评估等需要发挥大学生的主体性。思想政治教育则要求教育者以参与者、探讨者和商议者的姿态与大学生做平等互动的交流，而不是居高临下的说教和训导，要让大学生自觉地修正自己的不足，发扬自己的优势。另外，思想政治教育应保持“要求个体”和“满足个体”之间的必要张力，即教育者一方应根据社会需求、教育的顺序进行和个体潜能的充分发挥来对大学生提出必要的行为要求，确定适宜的发展目标。在此前提下，又应最大限度地尊重、满足个体自身发展的兴趣、需要和意愿来规划职业生涯。贯彻因材施教的教育方法是指为了新时期培养各类型、各层次的人才需要，根据大学生求知、求新、求真、求个性发展的特点进行教育。因为大学生自我意识的增强，其人格的发展很难用“先进”与“落后”的界限来划分这些特点，这使他们在思想觉悟，道德水平上呈现出复杂的个性和差异性，因此因材施教原则能针对大学生的个性差异，采取灵活多样的方式，因人而异地进行指导，“一把钥匙开一把锁”。每个大学生职业生涯规划因根据大学生个性有所不同，也应根据不同年级、不同年龄的学生有所不同。

第五节　构建我国高校大学生全程化生涯规划就业指导模式的配套措施

为确保高校大学生职业生涯规划的顺利实施，高校须从宏观上提供理念、物质、制度、队伍和经费设备等方面的保障。更新大学生职业生涯规划观念和大学生职业生涯规划指导是一项系统的工程，不是由学生教育管理中心等类似机构能单独完成的。由于它贯穿于大学生的四年教育过程，必然涉及大学生及面向大学生的校内外服务和管理机构。因此，我们必须做到大学生、学校和社会观念的更新。高校转变思想是关键，培养合格的劳动者是高等院校的根本任务，是高等院校的生命线。大学生职业生涯规划不仅是大学生们事业成功的导航仪，同时也有助于高等院校树立自己的人才品牌，提高自身的综合竞争实力。大学生职业生涯规划教育健康、快速地开展，需要高校充分认识大学生职业生涯规划教育在深化高校教育教学改革中的地位，认识到职业生涯规划在打造高素质创新人才中的重要作用。

一、增强高校大学生就业指导中职业生涯规划的意识

(一)要加强大学生职业生涯规划意识

当今社会正处于变革的时代，到处充满了激烈的竞争，要想在激烈的竞争中立

于不败之地，高校大学生必须具有职业生涯规划意识，提前做好自己的职业生涯规划，并在充分认识自己的优势、劣势的基础上，树立明确的职业发展目标，做好自己的职业生涯规划。对当代大学生来说，加强职业规划意识，首先要接触了解与就业有关的信息、政策，了解自己的兴趣、能力和性格，借助多方面信息或专业人士的帮助，冷静分析自己适合什么样的职业。同时，大学生多参加社会实践活动，也有利于自觉加强职业规划意识。大学生进行职业生涯规划的目的，在于毕业后寻找到合适的职业以满足自身发展的需要，以实现自己的人生价值、社会价值。而职业生涯规划应该是贯穿职业生涯过程始终的一个持续的、长期的过程，所以大学生进行职业生涯规划应该从走入大学校门之时起，就要做好充分的思想准备。大学生应从大一开始科学地评价自我，了解自己的性格特点、兴趣爱好、自身的优势；大二熟悉职业环境，对各类型的职业特点有大致的了解，确定适合自己的职业范围，明确职业要求；大三针对未来所要从事的职业加强自身的职业素质，为未来就业打好基础；大学的最后一年，初步完成从学生到职场人士的角色转换。在大学四年的学习生活中，大学生要充分发挥主观能动性，树立和增强职业生涯规划意识，分阶段地确立自己的职业方向，这个要求和过程不能仅仅停留在想象中，而是要切实地将其自身的性格特点、能力素质与社会发展对职业的需求现实相结合。

（二）高校要随着社会发展不断完善职业生涯教育

生涯规划与大学生的思想政治教育有着密切的联系。大学毕业生的思想政治教育是对大学生进行世界观、人生观、价值观、法制观和荣辱观等教育的集中强化和最后环节。高校应将生涯发展理念融入大学生素质教育和思想教育体系中，分析新时期大学毕业生的思想特点和存在的主要问题，这对于保证大学毕业生的思想稳定，使他们顺利毕业，适应社会并取得事业的成功具有重大而深远的现实意义。

高校在大学生职业生涯规划中扮演着重要的角色，必须对大学生的职业生涯规划进行正确引导。高校应将生涯发展理念融入大学生素质教育和思想教育当中去，加强理想和信念教育，帮助大学生树立正确的人生观和价值观。择业问题是大学生思想反映最激烈、最集中的问题之一，也是大学生走上社会、实现终身发展的决定性因素，它既与个人理想、利益有关，也与国家利益、社会需要有关。

首先，高校必须充分认识到职业生涯规划对大学生的重要性，在思想上重视大学生职业生涯规划，并且通过职业生涯规划讲座、职业测评、开展职业生涯规划大赛等手段进行广泛宣传。一方面，高校应鼓励大学生积极地进行自己的职业生涯规划设计；指导大学生们科学、正确、理性地选择职业，及早在大学时代做好职业生涯规划，使大学生们对职业具有完整、正确的理解和认识。另一方面，也要加强学校职业指导教师对大学生职业生涯规划工作的重视，积极为大学生提供及时、全面的职业指导。就业指导课介绍相关的职业理论，分析社会对职业的需求形势，介绍时代对人才素质的要求，激励大学生奋发向上，全面发展，提高自身素质。思想教育则引导大学生正确处理国家需要与个人愿望之间的关系，把实现个人的理想和抱负与国家富强、民族兴旺、时代发展联系起来，引导大学生实现个人价值与社会价值的完美统一，对大学生进行生动的、实际的人生观、价值观教育，使其对今后的职业和生活有一个科学合理的期望值和设定。这是高等学校学生思想品德教育课的延伸和扩展。

其次，高校应大力加强院系领导对职业生涯规划工作的配合，提高辅导员队伍和就业工作人员队伍的专业化程度，对他们进行职业生涯规划理论方面的专业培训，鼓励辅导员利用班会或其他时间对大学生进行职业生涯规划的指导，鼓励就业工作人员在对大学生进行就业指导的同时，以职业生涯规划的有关理论为支撑做好就业工作，引导大学生树立正确的就业观念，克服择业中的误区，引导大学生到基层、西部和农村，到祖国最需要的地方去建功立业，促进就业工作更好地开展。

再次，高校还要完善大学生职业生涯规划的课程设置。将生涯规划的理念融入新课程中。将与生涯发展有关的活动融入高等教育课程体系中。现如今，对大学生开展职业生涯规划教育已经得到各高校就业指导部门的普遍重视，而如何开设好大学生职业生涯规划课程就显得尤为重要。通过设立大学生职业生涯规划课程，让职业规划意识深入人心，通过职业规划课程建设，使大学生明白什么是职业生涯，怎么规划职业生涯，帮助大学生掌握生涯规划的方法和步骤，科学地实施职业生涯规划。在加强职业生涯规划指导方面，高校可积极开展大学生职业生涯规划咨询与辅导，邀请专业的职业培训师和成功人士来校举办讲座，引进职业规划测评软件，加强测评辅导。高校应该通过校园网免费为在校学生提供网络测评，让大学生了解自己的个性、兴趣、职业智力，并给予科学的辅助分析。除此之外，高校应引进职前教育网络课堂，加强对大学生的职业能力培训，加强职业生涯规划指导。

（三）营造大学生职业生涯规划的良好社会环境

大学生职业生涯规划教育应注重转变教师、家长和企业的观念。为使大学生科学开展自己的职业生涯规划，并使高校的职业指导工作有效进行，整个社会要营造大学生职业生涯规划的良好氛围。社会氛围对于大学生或高校进行职业生涯规划的影响至关重要。如果缺少一个和谐的社会环境作基础，大学生职业生涯规划就会变得困难重重、举步维艰。

要想在社会形成良好的氛围，就要先通过舆论、媒体等大力宣传职业生涯规划的意义与作用，不但要引导大学生进行职业生涯规划，还要引导已经参加工作的大学生进行职业生涯规划,并争取家长在子女早期教育中为职业生涯规划打下一定的基础,营造全社会认可、接受、支持和重视职业生涯规划的良好局面。同时,教育界和理论界也要大力开展关于大学生职业生涯规划的理论研究,不断根据形势的变化进行研究,提供大学生职业生涯规划的方法、途径等作为参考,为大学生职业生涯规划打下坚实的理论基础。这样,就能够大大促进大学生职业生涯规划的顺利进行。大学生职业生涯规划不是短期的、固定的,不能一蹴而就。它是一个长期的、变动的过程,需要随着大学生的发展变化而进行适当的调整。因此,高校应根据实际情况,帮助大学生不断健全、完善职业生涯规划,并指导其认真进行实施,使职业生涯规划能够充分发挥作用,以促进大学生的全面发展,为大学生就业打下坚实的基础。

教师是大学生职业生涯规划教育的倡导者、组织者、指导者与协调者,家长是大学生职业生涯规划教育的影响者,企业行业人士是大学生职业生涯规划教育的重要支持者,多方的协同参与是保证大学生职业生涯规划教育取得应有成效的重要条件。

(四)将职业生涯规划指导贯穿到高校大学生的整个大学阶段

因长期受计划分配工作机制的影响,我国高校依然认为毕业生就业只是最后一个学期的事,并将就业指导工作安排在整个教学计划中的最后一个学年来进行,所以被称为“毕业生就业指导”。就业指导的内容都是和应届毕业生相关的,与其他年级的学生毫不相干。在这样一种重视就业结果的观念的指导下,就业指导工作经常会给大学生造成一定的负面影响,一些大学生会为就业而就业,他们或是因为缺乏相关的职业技能而不能胜任所在的工作岗位;或是出于盲目的就业,缺乏对职业前途的正确认识而丧失工作热情。这样对于大学生的整个生涯发展而言是极其不利的,直接影响了他们今后的职业生涯。这种阶段性的就业指导观念已经不能适应目前的大学生就业指导工作。因此在就业指导工作中,要积极改变这种错误的观念。

学习是人的一生中持续终身的一种活动,终身学习主张学习的连续性和一贯性,不再是儿童或青少年特有的活动,成年人也要不断地学习。大学生的职业生涯也不是一次性完成的,而是一个连续不断的发展过程,只有通过不间断的学习做好充分的准备,才能从容应对职业生涯中所遇到的各种挑战。因此,我国高校就业指导工作也必须要向全程化、系统化方向发展,高校大学生就业指导工作必须要贯穿整个大学阶段,生涯教育贯穿人的一生,而每个人的生涯发展观是在整个教育过程中形成的。因此,我国高校的就业指导观念必须实现从阶段性就业指导向过程性就业指导的转变。要“以学生为本”,从大学生入校开始就必须开展就业指导工作，不仅针对应届毕业生，也针对各个年级的大学生。

1. 将一年级就业指导与新生入学教育相结合

大一新生刚摆脱高中高强度学习压力，对大学的学习生活充满着美好的愿望，渴望通过四年的学习成长为有用之才。但是面对新的环境和生活、学习方式，新生往往会感到很迷茫，不能尽快适应大学生的学习和生活，找不到自己努力的方向。同时，新生也非常关心今后的就业问题，迫切希望了解所学专业与今后职业的关系，对学好专业树立人生理想有着强烈的追求。因此，大学一年级的就业指导应该与新生入学教育紧密结合。一年级的就业指导应该分析相关专业的就业形势，介绍学校、学院概况及专业概况，组织参观专业实验室，甚至考研介绍等。围绕就业形势和目标，帮助新生对自己未来的大学四年进行规划，使他们尽快确立正确的人生定位和奋斗目标，以引导新生尽快适应从高中向大学学习、生活和课外活动的转变，引导大学生树立正确的世界观、人生观、价值观和择业观，树立全方位就业和敢于竞争的意识。

2. 将二年级就业指导与大学生素质拓展教育相结合

二年级的就业指导应注意对学生综合能力的培养，让大学生明确自身综合素质在以后就业及工作中的重要性。教育大学生正确认识和客观分析自己的优势和不足，努力提高自己的综合素质，建立合理的知识结构。这一阶段的就业指导课要与大学生素质教育相结合，注重多方面能力的培养，如组织协调能力、沟通能力、动手能力和创新能力。同时还要培养他们的团队精神、敬业精神、奉献精神和诚实守信精神。

3. 将三年级就业指导与专业思想教育相结合

这一年级的就业指导应结合专业发展方向和大学生的职业发展目标，帮助大学生培养学习专业知识和专业技能的兴趣，引导大学生有目的地选修有关课程，并开展创业教育。掌握各项专业知识和专业技能，通过教学实践、社会实践提高自身的综合素质和职业素养。这一阶段的就业指导课应该密切联系实际，针对严峻的就业形势和不断变化的市场需求，鼓励大学生有计划地提升就业竞争力。引导大学生努力提高自己的综合素质，为将来的就业储备知识和能量。

4. 将四年级就业指导与择业技能培训相结合

四年级的大学生即将面对人生的一个重大转折，其基础知识的储备、能力的锻炼和素质的养成已在前三年基本完成，这一阶段的就业指导应帮助大学生降低就业期望值，教育大学生树立"先就业、后择业、再创业"的科学就业观。引导大学生完成就业材料的准备和就业心理的准备，强化求职择业的技巧。根据大学生个人需要和现实变化，调整职业目标与计划，帮助大学生规划工作后的职业生涯。

这四个阶段各自有相对独立性又相互关联和影响。大学就业指导工作过程中要关注大学生在整个过程中的一切举动，对大学生在就业中遇到的问题及时帮助或解决、对他们的职业规划或职业选择等提供咨询和服务。只有认真做好每个环节教学工作，才能充分发挥其全程化的作用，才能全面提升大学生竞争力，才能有效提高大学生就业质量，才能为社会培养出更多有用的人才。

二、健全高校大学生职业生涯规划就业指导的制度

健全高校大学生职业生涯规划就业指导的制度是高校大学生职业生涯规划就业指导得以顺利开展的保障，这主要表现在有系统地开设大学生职业规划课程、将职业生涯规划定为大学生的必修课、建立入校后选专业制度和实行完全意义上的学分制。

(一)这四项上实行完全意义上的学分制

完全学分制具有很大的灵活性、适应性、选择性和自主性，能够成为辅助大学生职业生涯规划的有力手段。我国从 20 世纪 90 年代就开始提倡实施学分制，到 20 世纪末，全国近三分之一的高校已经实行了学分制，但大多数高校的学分制或多或少还带有学年制的色彩，这样不利于职业生涯规划的顺利实现。

(二)建立大学生自主选课制

在导师指导下，高校可建立大学生自主选课制，加强引导和管理，不断修正和更新大学生的人生职业发展目标。只有建立自主的选课制，才能真正保证大学生职业生涯规划的顺利实现。而大学生无论在制订职业规划时，还是职业规划制订后，对自己本身的特性、外界环境的机会和挑战以及该学科都不是很清楚，难免会有盲目性，这就需要校方组织专门的老师来指导大学生。这样一方面可以帮助大学生选择专业方向，为大学生就业升学答疑解惑；另一方面，还可以帮助大学生制订、修改学习计划，确定所选专业的课程结构及需要补充学习的内容。

(三)完善学籍管理制度

完善学籍管理制度，可以推动大学生创业机制的建立，促进大学生职业生涯规划的实现。要促进大学生职业生涯规划的实现，可以实行学年制的弹性管理。一方面，大学生要确立自己的职业规划，需要到社会上了解自己职业喜好所在以及市场需求；另一方面，一部分品学兼优、创新能力强的大学生具有较高的创业能力，具有创业的优势，学校可通过学分制的弹性管理，为其提供方便。当然，大学生创业更需要得到国家的政策支持，国家可建立一项大学生创业基金，对大学生依靠自身本领和管理才能创办的企业，实行优惠或无息贷款，并在一定时期内免征有关税收。

(四)提供物质资源保障

提供大学生职业生涯规划的物质资源保障,物质资源包括校内物质资源与校外物质资源,这是大学生职业生涯规划的物质基础与必要条件。校内物质资源主要指开展大学生职业生涯规划所必需的教室、实验室、模拟室、相关教具、计算机、多媒体、专业的计算机软件以及进行职业兴趣、性向等测验的仪表,大学生职业生涯规划建档所需的相关材料等。校外物质资源主要指大学生实习基地、实践基地或参加社会实践、社会调查、人才市场调查所需场所等。高校应加强与用人单位的合作,加强与政府有关部门和人才市场的合作,加强与第三方职业生涯服务机构的合作,加强与校友的沟通与联系,从而达到与社会资源的对接,共同促进大学生的职业生涯规划。

三、建立大学生职业生涯规划指导队伍

高校大学生全程化生涯规划就业指导不仅应体现在为大学生进行就业信息提供、技巧指导等短期价值上,更应体现在为大学生的职业生涯指引既有发展前途又适合自身特长发挥的职业方向的长远价值上。所以,必须转变大学生就业指导机构的工作职能,建立专业化的就业指导队伍。

首先,就业指导中心要改变过去的松散结构,设置结构严谨、分工明确、职责清晰、组织健全的就业指导机构。其次,要在职责上要以人的发展为中心,对大学生进行人生观、价值观、职业观教育,帮助大学生树立正确的择业观,从重服务和管理功能转变到重教育功能,扮演好教育者、宣传员、服务员、调研员、管理员的角色。

大学生就业指导人员的素质、能力和水平决定就业指导的成效。当前,我国高校的大学生职业生涯规划指导教师师资十分匮乏,仅有的一些也多半是半路出家,有的是从行政于部中转行的,有的是由总支秘书、辅导员兼任。他们缺乏职业生涯规划指导教师的专业培训,因此工作能力、水平、经验参差不齐,使得就业指导效果不理想。真正具有心理学、应用心理学、社会学、职业指导理论专业背景的大学生就业指导教师则少之又少。

高质量的教师队伍是保证就业指导工作取得实效的关键因素,而我国高校大学生就业指导人员专业化水平低已成为制约我国高校大学生就业指导工作的一个瓶颈。所以,建立一支专兼职相结合的教师队伍成为当前我国高校大学生就业指导工作急待解决的一大难题。

(一)要培养一批专业水平高的专职就业指导教师

高校大学生就业指导教师必须实现专业化。专职的就业指导教师,如负责就业指导课、职业测评、职业咨询的教师,必须经过专门的训练和培训,才能保证指导

的质量。专职就业指导教师可以从高校的“两课”教师、学生工作管理干部及社会学、心理学、教育学等专业教师中选聘一部分有志于从事就业指导工作的人经过专业培训之后来担任，也可以聘请社会上优秀的职业指导师和人力资源管理专家来担任。因此，在学校设立专职的就业指导教师基础上，各院系还应该设立自己的就业指导工作小组，吸纳在专业领域中经验丰富，对专业所对应的职业要求非常熟悉的专任教师担任兼职的就业指导教师，为大学生提供具体的专业和职业方面的因素分析。要建立这样一支队伍，必须加大大学生职业生涯规划的人力资源开发。

大学生职业生涯规划人力资源开发分为三个层次。

1. 第一层次：精英培训

这一层次主要目标为大学生职业生涯规划指导的研究人员和专职实施人员，他们是大学生职业生涯规划指导的先锋和主要牵头者。其培训重点可通过送相关培训机构接受专业培训，组织外出参观学习，开展课题或专题研究，组织理论学习等途径完成。其目的在于全面提升他们的研究能力、组织能力、策划能力、管理能力与指导能力，成为高校大学生职业生涯规划指导专家。

2. 第二层次：骨干教师培训

这一层次主要目标为主要指大学生职业生涯规划指导的兼职人员，重点是辅导员、班主任。他们是大学生职业生涯的直接指导者、管理者和服务者，其培训重点是通过举办专题讲座、组织专题培训班、编辑学习资料、开展经验交流、举办现场观摩和一帮一等途径完成。旨在提高教师开展职业生涯规划指导的意识、技巧与指导能力等，帮助他们解决指导大学生进行职业生涯规划过程中遇到的实际问题。

3. 第三层次：教师全员培训

高校大学生就业指导并不仅仅是专职或兼职的就业指导教师的责任，作为高校教师，每个人都有帮助学生寻找合适职业的责任。尤其是现在很多高校实行导师制，导师也就成了对大学生进行个性化的就业指导的一支重要力量，要充分发挥他们在大学生就业指导中的作用。在美国，约有30%的大学毕业生是靠导师的推荐找到工作的；在德国，也有不少教授积极帮助大学生寻找工作。

大学生职业生涯规划教育应贯穿于学校管理及教育教学各项工作之中，这就需要全体教师具备大学生职业生涯规划指导的意识，并了解相关操作或策略，确保各项工作服务于大学生职业生涯的规划与发展。

（二）要组建一支由各相关人士组成的阵容强大的兼职队伍

各高校应网罗由人才市场管理专家、人力资源专家、知名企业负责人、较成功的创业者、政府官员、教育界著名人士、往届成功就业的毕业生等组成阵容强大的兼职队伍，依靠其丰富的实践经验，对大学毕业生进行有针对性的指导，从而收到良好的指导效果。如有可能,还可以聘请企业和用人单位的优秀从业人员担任校外就业辅导员,为大学生提供详细的职业信息。

四、建立以市场为导向的培养模式

大学生就业的实质是高校把培养的学生输送到社会,去满足社会政治、经济、科技和文化发展的需要,这个过程能否顺利实现,最根本还取决于大学生的质量和结构能否满足用人单位的需要。因此,高校能否根据社会发展的需要,以市场为导向,改革人才培养模式和结构成为关键。面对社会对人才的需求变化,高校首先要在专业设置中,根据我国经济和产业结构调整的需要,大力发展社会急需专业,改造、调整传统专业,对社会需求已经过剩的专业应停止或减少招生。高校课程体系改革也要推陈出新,根据社会发展和人才培养的需要,增加应用性与技能性课程的比例,增加选修课的数量,增加实践环节,拓宽大学生的知识视野,从知识和能力结构上提高大学生的就业能力。高校就业指导机构要对本校大学毕业生步入社会以后在基础理论、知识结构、技能特点等方面是否有竞争力,能否适应社会需要等进行跟踪调查,把调查分析结果反馈给高校教学和大学生教育管理部门,以此为依据调整专业设置、教学计划和培养措施,促进大学生综合素质和全面能力的提高。美国的州立大学、社区学院走的都是这条办学之路,它们的专业设置、课程设置都是以区域经济和社会发展需要为依据。

(一)建立多样化的培养目标

随着我国高等教育进入大众化阶段,大学生的入学起点、培养模式、教学方式也发生了一系列变化,高校人才培养目标也必须呈现多样化趋势。这种趋势体现在高校既要培养学术创新型人才,也要培养应用型专门人才,还要培养大量高素质劳动者。此时的关键是各高校要找准自己的社会定位,根据自身的资源、特色、传统和社会需求制订培养目标,办出各自的特色和品牌,培养出多样化的人才。培养特色将成为未来高校毕业生就业竞争的关键因素。目前我国技术工人仅有7 000万人,高级技工只占3.5%,与发达国家40%的比例相去甚远。今后一段时间,我国对技术工人的需求将增加25%,其中技师和高级技师的需求量将翻番。因此,大力发展高等职业技术教育、培养应用型、技能型人才,将是我国高等教育发展的一个重要方向。

(二)培养大学生复合型的能力结构

面对科技的迅猛发展和知识经济的到来,高校要在培养大学生综合素质和能力上下工夫,使他们既有深厚扎实的基础理论知识,也有灵活有用的实践动手能力;既有过硬的专业技能,也有组织管理和沟通协作能力;既有良好的专业素质,也有一定的文化素质。尤其要增加大学生的社会实践经验，进一步完善教学实习制度，让大学生有更多的机会和时间去企事业单位实习和社会实践，在实践中掌握知识，培养其人际交往能力，形成复合型的人才培养结构。

（三）引导大学生树立勇于创业和灵活就业的观念。

创业与就业的不同之处在于就业是填补现有的岗位，而创业则是创造新的就业岗位。从目前来看，由就业教育转向创业教育，已经是世界高等教育发展的大趋势。1998 年召开的世界高等教育大会发布的《世界高等教育宣言》指出："为方便毕业生就业，高等教育应主要培养创业技能与主动精神；毕业生将越来越不再仅仅是求职者，而且成为工作岗位的创造者。"目前，我国民营经济发展迅猛，各级政府也创造了很多条件鼓励大学生自主创业，为此高校应积极探索大学生自主创业的新路子，使更多的大学生不仅仅是被动的求职者，更应该成为主动的职业创造者。当然，创业教育并不是让大学生都在求学期间创业，也不是让大学生一毕业就去创业，而是给大学生播下创业的种子，知道应该如何创业，根据什么样的条件创办什么样的事业，培养大学生独立开创事业的勇气和素质。要引导毕业生树立新的"就业"概念。以前只有进正规单位才算就业，许多毕业生只把眼睛盯在大城市、大单位、高收入、高声望的工作岗位。随着高等教育大众化的到来，就业概念也发生了本质性的变化，现在只要通过自己的劳动取得合法收入就应视为就业。就业岗位可以是传统、典型、正规、全日制的，也可以是非全日制、临时性、阶段性和弹性工作时间的。目前我国大学毕业生不是过剩，而是很多地区和单位毕业生不愿意去。因此，广大毕业生必须转变就业观念，降低就业期望值，珍惜就业机会，到中小企业、到农村乡镇、到西部地区去建功立业。

五、改革传统的人才培养模式，提高大学生的综合素质

当前，用人单位对人才聘用的要求越来越高，导致大学生之间的就业竞争也越来越激烈。不仅表现为专业知识的竞争，更重要的是道德素养、动手能力、计算机与外语水平、人际交往能力等综合素质的竞争。调查显示，综合素质是影响本科毕业生就业的一个重要因素。因此，高校应积极改革传统的人才培养模式，提高大学生的综合素质，从而提升其就业竞争力。改革可以从以下几个方面着手。

（一）普通教育与专业教育相结合

普通教育是指对所有大学生普遍进行的共同内容的教育，其目的是要将受教育者作为一个具有具体性、完整性的人而施以全面的教育，使受教育者在人格与学问、理智与情感、身心各方面得到自由与和谐的发展。在课程上普通教育强调课程功能的多样性，在人才培养上有利于大学生全方位素质的养成。普通教育有利于

弥补专业教育带来的不足，所以它已为各国广泛接受并实行。在大学本科教育阶段将普通教育与专业教育结合起来，应成为我国高等学校本科专业的一种人才培养模式。从长远来看，这不仅有利于我国高等教育的健康发展，对解决当前大学生就业问题也有重要的意义。

在本科教育阶段，过于专业化的教育，会使大学生的素质不可避免地被束缚在某一狭窄的知识和技术领域内，造成他们在知识、能力、思维、情趣上的专业化，进而使人的发展出现新的片面性。高校应加强普通教育与专业教育的有机结合、理论教学与实践教学的有机结合、课堂教育与社会教育的有机结合，进一步深化人才培养模式改革，提高本科教学质量，提高大学生综合素质水平，从而提高大学生的就业竞争力。

（二）注重大学生学习和动手能力的培养

当前，在教育教学方法上，必须改变教师讲、学生听和记的灌输方式，要充分发挥大学生的主体性，让大学生积极能动地参与到教学活动中去。“授之以鱼”，不如“授之以渔”，教学要改变单一的知识传授，注重对大学生学习方法和自我学习能力的培养，培养大学生发现和解决问题的能力，使大学生养成终身学习的意识和习惯，以适应社会的发展、知识的更新和职业的转变。同时，对大学生动手能力的培养也应是教学的重要环节。我国大学生普遍缺乏动手能力和实践能力，这在很大程度上影响了大学生综合素质的提高，加强对大学生动手能力的培养，应该成为高校教学的重要环节，成为人才培养的重要内容。因此，在教学过程中，学校应积极组织各种社会实践活动，成立各种大学生社团，开展各类知识竞赛，尽量提供多次实习机会，为提高大学生的综合能力提供条件。

（三）与社会专业咨询、培训团体进行合作

要对大学生进行职业技能培训，帮助大学生实现和谐就业，完全靠高校自身的力量还很难实现。尤其是有些新建的高校，各方面力量还比较薄弱，与社会专业咨询、培训团体合作，借助专业团体的力量，实现大学生就业指导社会化，就成为一个现实的选择。作为专门从事人才招聘、推荐和行业管理的中介组织，社会专业团体可以为高校提供全面、直接的市场信息与咨询服务，以其广泛的企业人力资源专家网络和实践经验，弥补高校自身专业指导教师的不足，辅导和帮助大学生树立正确的成才观、择业观和就业观，还可以凭借自己拥有的广泛的企业网络资源，帮助高校选择符合其实习要求的接收企业及岗位，以确保大学生培养的质量，为大学生提供足够数量和质量的就业岗位。普通高校也可以借鉴这种就业指导模式，以弥补自身力量的不足，走出高校大学生就业指导的象牙塔。

（四）高校毕业生要合理准确定位，提高自身素质

1. 抛弃精英意识，合理定位

当大学教育由过去的精英教育发展成大众化教育的时候，表明我国的国民整体素质大幅度提高。然而，拥有大学毕业证书的高校大学生们并没有顺应社会变化，他们还沉浸在以往作为社会精英的良好感觉中，不能及时地对自己的社会角色重新定位。高校大学毕业生就业难，在很大程度上是因为目前的大学生就业期望值偏高，自身定位不准，导致理想与现实脱节。从实际情况来看，刚毕业的高校大学生从各方面来看，创造出的价值都是有限的，因此应理性地给自己一个较为准确的定位。我国高等教育已从“精英教育”走向“大众化教育”，大学毕业生不能有盲目的优越感，一定要有务实的就业定位，切忌自设藩篱，只盯着大城市、大机关、大企业不放。高校毕业生要成功就业必须丢掉“精英”意识，放下架子，低姿态进入社会，在普通的工作岗位上寻找发展的机会。要积极到祖国最需要的基层去、到西部去，在这片孕育着无限生机和希望的沃土上接受锻炼，增长才干，实现理想，成就事业。

2. 积极的自主创业和灵活就业

高校大学毕业生要发扬自强自立的精神，就业时不等不靠、不挑不拣，勇于到市场经济大潮中拼搏竞争。各级党委和政府对自主创业和灵活就业的高校大学生应给予政策上的支持和鼓励。对从事个体经营、自主创办企业的高校大学生，应自工商行政管理部门登记注册之日起 3 年内免交登记类、管理类和证照类的各项行政事业性收费；对有贷款需要的高校大学生，提供小额担保贷款。政府还应支持高校大学毕业生到农村自主创业，或采取独资、联营等方式兴办各类企业、农产品生产研发基地等。各级政府同时也应提供必要的人事劳动保障代理服务，在户籍管理、劳动关系形式、社会保障缴纳和保险关系接续等方面提供保障。种种优惠的政策，都鼓励和支持高校毕业生到基层自主创业和灵活就业。

3. 全方位提高综合竞争所需的专业技能

要想在激烈的社会竞争中实现自己的职业生涯规划，体现人生价值，当代大学生必须全方位提高社会所需的专业知识水平，增强职业竞争能力。

（1）必须构建合理的知识结构

在现代社会中，知识已经成为一种非常重要的资本，人们常把一个人掌握知识的多少作为衡量其水平高低的标准。因此在制定职业生涯规划时，大学生要根据职业和社会不断发展的具体要求，将已有知识科学重组，建构合理的知识结构，最大限度地发挥知识的整体效能。首先，应加强业务知识的学习，夯实理论基础；其次，应加强科学研究，在进行科研的过程中，深化对知识的理解，强化各种专业技

能;最后,应增加文理学科的融合,扩大自己的视野,在理工科学生中增加人文和社科知识,在文科学生中增加理工科常识,扩大知识面。构建合理的知识结构没有捷径可走,只能通过刻苦的学习和不断的积累。

(2)培养综合的职业竞争能力

目前用人单位对“一专多能”型高校大学毕业生特别青睐,大学生的综合能力和知识面是用人单位的选择依据,不仅考核其专业知识和技能,而且还考核其综合运用知识的能力、社会适应能力和与人沟通的能力等。高校大学生进行职业生涯规划,除了构建自己合理的知识结构外,还应具备从事本行业的基本能力和某些专业能力。从某种意义上说,能力比知识更重要,高校大学生只有将合理的知识结构和社会需要的综合能力结合起来,才能在激烈的就业竞争中取得相对的优势。高校大学生应着重培养自己的决策能力、创新能力、社交能力、实际操作能力、组织管理能力和自我发展的终身学习能力。

4. 在实践中提高现代职场必备的心理素质

随着就业竞争的日趋激烈,高校大学生的择业心理问题近年呈现上升的趋势,各种心理障碍和心理疾病,不同程度地影响着高校大学生顺利走向社会。此时保持积极健康的心理状态,不断提高心理素质,对每一位高校大学生而言都显得分外重要。

(1)增强心理承受力和耐挫折能力

高校大学生在择业过程中会碰到各种障碍,受到各种挫折,应学会以比较冷静和坦然的态度正确对待,学会自我欣赏与自我接纳,对自己的行动持认可态度,敢于竞争,不怕失败。当然,挫折固然不是令人愉快的事,但它能给人以经验,给人以锻炼的机会。弱者在挫折面前垂头丧气,强者则会把挫折视为前进的动力。因此,倘若大学生遇到挫折,就应该正确对待,从中吸取经验教训,重新寻求目标。

(2)建立良好的人际关系,维护和增强心理健康

因挫折造成不良情绪时,最简单的方法就是适度宣泄。良好的人际关系有利于师生之间、同学之间倾诉衷肠,分忧解闷。当然,自我调适的方法还有很多,对高校大学生来说主要是提高自我调适的自觉性,树立远大的理想,磨炼坚强的意志,多方面体验社会生活,始终保持积极向上的精神状态。这样就能有效地消除心理障碍,走出心理误区,最终实现顺利就业。

(3)培养积极乐观的人生态度

大学生应自觉树立正确的世界观、人生观、竞争观,培养积极乐观、健康向上的人生态度。坦诚面对现实,开拓思路,转变观念,树立先就业、后择业的创业观念,将时代发展、社会需要和个人前途三者有机结合起来,到国家急需人才的地方去建功立业。

六、完善高校就业指导内容

开展大学生职业生涯规划对于我国当前高校大学生具有非常重要的现实意义。由于过去我国大学生就业体制的各种原因,造成这项工作在高校中还属于起步阶段,据了解,现在大学生职业生涯规划是在个别的重点高校中刚刚开始,对许多领域方面的研究比较薄弱,甚至还处于空白阶段。但随着大学生就业制度发生的根本性变化,开展这方面的研究工作变得越来越迫切。尤其对于在校的大学生来说,尽早设计自己的职业生涯,明确自己的职业目标,尽可能多地接触和学习职场规则,充分了解自身的性格特点与素质优势,有助于大学生弄清楚自己的人生目标,平衡个人爱好与工作、家庭、亲友之间的需求;也有助于大学生更好地选择职业,恰当地调整工作需求、环境变化与个人需求的关系,更加有计划、有目的地发展个人职业生涯,才有可能在将来激烈的就业竞争中把握住机会,成功就业。

一直以来,我国许多高校往往把大学生就业指导理解为在大学生毕业时开几次求职讲座或举办几场招聘会,而没有把它作为四年中的一个长远规划。实际上,大学生从一年级到毕业,其心理、生理是处于连续不断的变化之中。大学生就业指导应遵循其身心发展规律,分段实施,连续进行。高校应以全局观点系统考虑,构建一个完善的大学生就业指导工作体系,按照不同阶段的不同任务对大学生实施有针对性的指导:如大学一年级着重职业生涯认识和规划,大学二年级着重基本能力的培养,大学三年级着重职业定向指导,大学四年级着重择业指导。四个阶段相互贯通,有机连接,从而形成较为完善的大学生就业指导体系。通过四年系统的指导,培养大学生的发展性就业素质,使之具有自主择业、自主创业的基本素质,进而加快高校教育教学改革,加强实践教学环节,提高大学生的就业、创业、创新能力,进一步树立以人为本的教育理念,促进大学生的全面发展。高校不能把教育当作产业,更不可受经济利益驱动而急功近利,降低培养质量。高校要改革专业设置,调整专业结构,以市场为导向,增强高等教育的适应性和前瞻性。课堂教学改革重点应从重视双基即基本知识、基本技能转向重视三基,即基本知识、基本技能、基本能力。基本能力的核心是基本创造力,教学环节和教学方案都要重视学生实践能力的培养。

依据学生入学时间的不同,大学期间各个年级就业指导的内容主要有四项。

(一)大学一年级就业指导内容

应侧重于职业生涯设计指导,培养大学生的职业意识,指导大学生规划四年的大学生活,确立职业理想。

所谓职业理想,是建立在现实可能的基础之上的,是对自己未来职业生涯的规划和构想。职业理想的不同,决定了不同的职业选择。一个人一旦确立了职业理想，就必然会为实现这个目标而努力奋斗。可以说，职业理想是一个人的精神支柱和力量源泉。一位美国学者在耶鲁大学做了一项跟踪调查，调查中问了学生一个问题："你们有目标吗?"结果只有10%的大学生确认他们有目标。然后，又问第二个问题："如果有目标，你们是否把目标写在纸上?"结果只有4%的大学生给予肯定的回答。20年后，这位学者追访当年参与调查的大学生，发现用白纸黑字写下目标的4%的人所拥有的财富，居然超过其他96%的人拥有的财富的总和。这充分说明，大学时期制订人生目标乃大学生活的第一要务。然而，遗憾的是，经过紧张的高考，跨进大学校门的新生，在面对新的环境、新的生活和学习方式时，往往会感到无所适从，迷茫徘徊，基本上没有目标，随波逐流；或者有具体的学习目标而没有长远的人生目标，目光短浅；即使有长远的人生目标，但与大学学习脱节，甚至南辕北辙。究其原因有两条：一是制定目标的意识不强，跟着感觉走；二是自主性差，缺乏独立制定目标的能力。大学生就业指导就应该从这一阶段开始着手。因此，从大学生进校伊始，我们就应该引导他们树立目标意识，认真分析主客观条件，科学地制订人生的总目标和不同时期的具体目标，将大学学习与人生的奋斗目标紧密相连。我们应该采取各种有效方式，让他们初步了解就业形势和就业政策，帮助他们明确专业方向，建立和巩固专业思想，树立社会责任感，认清人才市场的激烈竞争态势，使他们尽快走出"迷茫"的误区，找到正确的人生目标和奋斗方向，合理规划大学四年的生活以及将来的出路，解决"我想干什么"的问题。

(二)大学二年级就业指导内容

应侧重于教育大学生调整心态，树立大众化就业观。

随着高等教育大众化的转型，大学毕业生的数量越来越多，而社会所提供的所谓精英岗位毕竟是金字塔的顶端，数量有限，所以，大学生不可能都到精英岗位就业。另一方面，随着社会的发展，传统的岗位和新兴的产业、行业所产生的岗位对从业者的要求也在不断地提高。例如，随着数字化、数控机床的广泛应用，工厂对操作工岗位的要求就空前地提高了，当前我国企业出现的"技工荒"也说明了这一点。社会越来越需要大批有知识、有文化、有技能的大学毕业生到生产服务的第一线工作，这是时代发展的客观要求。因此，要实现大学生的和谐、充分就业就必须要求大学生树立大众化就业观，勇于到相对更大众化的职业岗位上就业。告诉大学生人才成长的过程和规律，帮助大学生树立正确的成才意识，帮助大学生培养良好的就业心理素质，使他们能够正视现实、敢于竞争、不怕挫折，以良好的心态迎接人才市场的挑战与竞争。

(三)大学三年级就业指导内容

应进行就业政策的指导和求职技巧的训练。

高校应使大学生了解相关的就业政策，掌握面试、笔试的技巧以及实践技能的考核方法，根据自己的优势和特长，为顺利就业做好充分准备。帮助大学生培养良好的人际沟通能力，通过就业过程各个环节的技巧指导与训练，让大学生掌握正确求职的技巧与方法；让大学生了解或掌握国家有关劳动与就业方面的法律知识，能够利用法律武器保护自己的合法利益：帮助大学生树立诚信意识，在就业过程和今后的工作中遵纪守法，诚实守信。

（四）大学四年级就业指导内容

此时应侧重于择业指导、升学指导和创业指导，引导大学生转变角色，适应社会，实现就业理想。

大学生的知识储备、能力锻炼、素质养成，在前两个阶段已基本完成。这一阶段就业指导的主要任务是，集中宣传就业政策，分析就业形势，对大学毕业生提供参军、报考公务员、报考硕士研究生、就业等方面的政策咨询与指导；通过人才素质测试，引导大学生客观地进行自我评价，及时修正就业目标，确立合理的就业期望，全面合理地收集、处理、利用就业信息；模拟就业现场，训练求职技巧；精心组织好各类招聘会，为大学生求职创造一个良好的外部环境，从而解决“干什么”的问题。要强化大学生的角色意识，教育他们虚心学习，勇挑重担，乐于奉献；教育他们树立良好的第一印象，完成好第一项任务，处理好与领导、同事、同行的关系；教育他们面对机遇要敢于抢抓，而对困难要充满信心，面对挫折要意志坚强，面对批评要正确对待，面对赞扬要化作激励，完成从一个“校园人”向“职业人”的心理转变，为尽快适应新的社会环境，愉快地走向工作岗位打好基础。更好地实现角色转换，解决“怎么干”的问题。

我们还要培养大学生正确的价值观和对国家及社会的奉献精神，当前高校毕业生就业中的扎堆现象比较严重，普遍存在“都市情结”，“宁要大城市一张床，不要西部一套房”的现象有愈演愈烈之势，这使得人才与地区的供需矛盾非常突出，中西部地区非常需要大学生，有职位但无人应聘，东南沿海大城市人才高消费现象却很难制止。这同样造成了人与职业的不匹配以及对人才的浪费。因此，教育大学生形成正确的价值观，把职业看作实现自己人生价值，为国家和社会作贡献的途径，把自己的发展和国家社会的兴旺联系在一起，勇于到国家最需要的地方去奉献自己的青春。

七、改进和完善就业指导的形式和手段

（一）认真组织并开展就业指导选修课

学校可开设职业生涯规划与就业指导选修课，该门选修课应面向全校大学生

开设,不断丰富课程内容、优化课程设计,针对不同主题邀请不同行业的专家和对应企事业单位人力资源主管为大家讲课。如邀请老师针对毕业生求职礼仪、求职实务、公务员考试、毕业生就业权益保护、出国流程与指导等内容进行指导。

求职技巧的掌握是实现人职匹配的重要一环,应成为高校大学生就业指导工作的一个重要组成部分。邀请单位的人力资源主管针对大学生职业生涯规划、职业素质、学校人向社会人的转变等内容,为大学生开展具体详尽的指导,努力提高大学生就业竞争力。

高校大学生就业指导课的另一个重要任务是培养大学生良好的职业品质。不仅要求从业者具备职业所必需的专业知识、技能和能力,还要求从业者要具备优良的职业品质。所谓职业品质,是指“在职业生涯中,个体或群体在行为、作风上所表现的思想、认识、品性等的本质”,具体表现“在工作态度、社交技巧、意志品质等方面”。职业品质一旦形成就不易改变,且伴随人的整个职业生涯的始终,往往成为个人职业生涯发展路径的决定性因素。因此,很多企业在招聘新员工,尤其是应届大学毕业生时,除了考察其知识结构外,往往更关注其职业品质。为了提高大学生就业能力,高校必须从大一开始就要关注大学生职业品质的培养。职业品质教育的内容一般包括自我觉察力、自我调控力、社交能力以及领导能力的培养。

(二)重视高校就业指导机构对毕业生有针对性的就业指导

目前,我国大部分高校更加关注群体就业,而群体就业的观念与大学生生涯发展的理念是相违背的。片面地将大学生的就业视为一个群体的就业而非个体的就业的观点是相当狭隘的,这也与我国现阶段推行的素质教育相违背。素质教育强调因材施教,关注学生个性的发展,而不是用一个简单的模型去制造出一批“产品”,因而在新的教育理念下的就业指导工作应以大学生的生涯发展为本,在指导过程中要考虑到大学生自身的个性和心理特征等因素,有针对性、细致化地进行个性指导。

根据高校不同的专业结构特点,各高校大学生应培养不同的职业精神、职业素质和职业能力。在帮助大学生进行职业生涯规划的过程中,大学生的个性化显现尤为明显,因此,在就业指导过程中,必须要根据大学生的个体需求、个性特征、生涯发展等实际情况对大学生开展有针对性的“一对一”个性化指导。即针对个性差异、尊重个性发展而为个性提升和潜能发挥提供和创造个性就业条件的过程,是因时而异、因地而异、因人而异的职业价值取向的指导。

当今,高校大学生就业价值取向偏向功利性,他们极少考虑自身的条件,缺乏对社会经济情况和基层的了解,对将来自身发展前景的认识也很模糊,不能树立与市场经济相符合的就业思想与观念。所以在进行就业指导的过程中要对大学生气质、性格、能力、知识、优劣势等方面进行客观的评价,同时还要关注大学生不同的专业特点，兴趣爱好，通过心理测试和调查问卷等多种形式，促进他们的自我了解，也增进就业指导老师对他们的了解，以便更有针对性地进行就业指导，帮助大学生树立正确的职业观。在就业指导中做好毕业生思想政治工作，帮助他们树立正确的择业观、就业观、价值观。正确引导大学生正确认识自我，科学合理地设计自己的目标。让大学生正确理解国家就业的宏观形势，树立与市场经济相符合的就业思想与观念，确立高尚的求职道德，要让他们明白工作是否真正的适合自己和今后发展的情况，而不是将重点放在让大学生知道工作的报酬或其他经济待遇等方面的情况，要让他们放眼长远，立足未来发展去求职，择业。并且尽可能多的针对不同的职业特点开设相关的讲座，设置相关的职业模拟情景等，帮助大学生更深入地了解相关职业的情况，在对自身的了解和对职业的了解的基础上，大学生的职业观就会更科学、更合理，大学生的职业生涯规划就会更符合他们自身的需求。

个性化就业指导是必然的发展趋势，大学生就业的主体性确立必须“以人为本”，教育中的就业结果平等必须“以人为本”。高校大学生就业指导必须把个性化指导融入整个大学生活中，融入大学生整个生涯中，融入大学生未来的自我发展中，融入大学生未来的职业发展中。

这都需要各高校针对本高校特点开展就业指导工作。各高校应成立大学毕业生工作组，掌握就业相关政策、规定，深入细致地调查大学毕业生的择业意向，建立毕业生求职档案，了解大学生就业中遇到的困难和问题，根据他们的自身情况开展有针对性的就业指导，对那些在竞争力上具有劣势的学生尤其需要就业指导部门的热心帮助和就业推荐。对于处于竞争劣势的同学，就业指导部门还需要适时对其进行心理咨询和心理辅导，帮助大学生解决实际问题，重树信心，调整心态，更好地迎接就业的挑战。

（三）设计各种载体，开展形式多样的就业指导活动

根据就业形势的需要出版《大学生就业》报，免费发放给大学生，免费为大学毕业生订阅《中国大学生就业》《职业信息》等杂志，开设就业资料室和咨询室，并购置报纸、杂志，面向在校生开放。就业指导咨询师为大学生进行面对面的就业咨询；开设就业咨询热线电话并利用就业信息网、BBS 等网络渠道，进行咨询、答疑，与校友会联合举办校友讲坛等，开展关于就业、创业、成才、做人等方面的指导和教育。

1. 情景模拟招聘

情景模拟招聘是美国心理学家茨霍恩等人首先提出来的。在第二次世界大战期间，人们就已发现：用情景模拟可以很好地预测一个人在未来的类似活动中能够达到的绩效。当时，情景模拟在德国、英国、美国、澳大利亚和加拿大等国的军官选拔中得到普遍应用。之后，英国文职人员评选委员会把这一方法应用于非军事目的，设计出反映行政能力的情景模拟，为政府部门招聘公务员。目前，情景模拟已成为企业、事业、政府、军队等各种组织甄选人员的有效手段。情景模拟测评就是将应聘者安排在模拟的仿真的工作环境当中，要求应聘者处理可能出现的各种问题，对其处理实际问题的能力、应变能力、思维能力、语言能力、规划能力、决策能力、组织指挥能力和协调能力作现场考核，用以确定应聘者适宜的工作岗位和具体工作。情景模拟有以下几种：公文处理、小组讨论、即席发言、角色扮演、与人谈话、书面案例分析、面谈模拟、事实判断、无领导小组任务和管理游戏。在校园内有针对性地开展情景模拟招聘活动时，可在专业老师的指导下或请知名企业人力资源部门的负责人在校园开展面向大学生的情景模拟招聘活动，使大学生亲自参与了解招聘程序和招聘的过程，同时结合大学生的特点和当场表现，请知名企业人力资源部门的负责人予以点评。让大学生通过模拟招聘活动，展开讨论并针对自己的不足，予以改进和提高，以此提高毕业时招聘的通过率。

2. 校园招聘

校园招聘是高校毕业生与用人单位最直接的接触机会。高校招聘的时间可以定在每年年底召开大型招聘会，而各类专门小型招聘会则是在十月份到第二年五月份之间召开。这就要求高校平时就要重视加强同用人单位建立长期良好的合作关系，加强与用人单位的及时沟通，在招聘会前期要努力做好联系宣传工作，以便在每年召开招聘会时，得到用人单位的大力支持。开会期间努力做好服务工作。校友是高校主体在社会的延伸，校友会是高校联系社会的纽带和桥梁，要重视发展校友会的影响力和推荐作用，促进和健全校友联系渠道，建立较完善的校友信息库，为大学生顺利就业搭建新平台。同时，积极建立就业基地。高校与重点地区、重点单位签订大学毕业生就业基地合作协议的合同，构建校方与用人单位的就业基地。最后，建立一套适用于行业特点的就业推荐形式。高校应及时推荐用人单位所需毕业生，通过各种合作关系，实现高校毕业生源优势与用人单位需求的有效结合和良性循环，扩大社会影响，开辟新的就业天地。

3. 网络招聘

网络招聘是一种省时省事省力的新型招聘人才形式，最近两年，这种方式运用更加频繁，虽说人们对网络招聘褒贬不一，尽管这种求职的风险与机遇并存，尽管这方面法律还不健全，但网络招聘以其招聘信息快，信息量大、范围广、可挑选余地大、应聘人员素质高、费用低而博得广大求职者青睐。此外网络招聘可采取视频对接的模式，更直观地为用人单位和应聘学生服务。随着法律的进一步完善，各种机制的配套运行，网络招聘以后将成为大学毕业生校园招聘的重要补充。

4. 社会招聘

通过各地人才市场、人才网站、大学生社会实践等形式，建立就业信息渠道以及电子档案,为大学生和用人单位架起联系桥梁,把经常性招聘会和专业性招聘会有机地结合在一起,各方推荐与大学毕业生自我推荐有机结合。大学毕业生就业的空间将更广,灵活性将更强,使用将更便利,方法将更简洁。

(四)大学生组织大学生到企业研修,加深大学生对市场需求的认识

通过研修,可以深化大学生对职业的认识和具体职业知识技能的掌握。只有对企业和用人单位的需求有清晰的认识,才能在求学期间做好充分的准备,而对企业和用人单位的岗位专业知识、技能缺乏了解也是造成我国大学生不能实现和谐就业的一个重要原因。因此,结合专业课的教学,加强与企业和用人单位的联系,多方设立社会实践基地和教学实践基地,组织大学生到企业进行研修,是解决这一问题的重要措施。大学生通过参加工作实习,一方面探索个人对职业的适应能力;另一方面也为就业作铺垫,考虑是否到实习单位就业。目前我国高校也有这方面的一些实践,但存在两个问题:一是时间安排比较滞后,多数安排在大学四年级的第二学期,这时的大学生忙于找工作,实践效果不理想,而且即使在实践中发现自己知识、技能有欠缺,也已没有时间和条件去补充和完善;二是时间安排也比较少,大学生对用人单位的了解不够透彻,在一些调查中也显示出,"长期深入到企业实习"被当前大学生认为是最应该提供的一种就业指导形式。因此,这种形式的就业指导应在大三就开始进行,并保证足够的时间和良好的实践条件。这样,如果大学生在实践中发现自己在知识、技能等方面有欠缺,还可以通过增加和选修有关的课程来提高自己的综合素质和职业素养。

(五)开设求职技巧课程,帮助大学生学会推销自己

有了充足的内功还要会推销自己才能获得满意的职位,发达国家的高校都非常重视这一环节,甚至把它看作大学生求职取得成功不可或缺的条件。美国的"心理测试与训练",澳大利亚和加拿大的模拟招聘面试训练,日本的就业模拟考试等,都属于这一类的课程。因此,应在大学四年级开设求职技巧课,教给大学生如何面谈,掌握社交、礼仪、服饰等求职技巧,学会撰写简历和求职信,掌握获取工作机会和信息的渠道,学会与用人单位就工资待遇问题进行谈判,学会恰当地接受或拒绝用人单位的招聘以及签约等,让大学生能以轻松而又自信的心态向用人单位展示自己的工作潜力。同时要注意掌握一些技能,如有效快速地判断面试官提问题的目的,诚实而又具有策略地进行回答,提高自己通过面试、获取职位的能力。

八、建立好与人才市场互动的大学生就业市场

大学生就业市场的开阔与否是影响高校大学生能否充分就业的决定性因素,是高校大学生就业率高低的关键所在。就业市场的开拓与建设,既是高校大学生

就业工作的重点,又是高校大学生就业工作的一大难点。高校要做好毕业生就业工作,必须树立市场观念、具有营销意识,必须高度重视大学生就业市场的开拓与建设,努力为毕业生和用人单位构建一个宽广的双向交流的平台。高校应积极培育和建立以政府为主导、以学校为基础的大学生就业市场,具体思路和做法可以广开门路,努力拓宽就业渠道与就业空间,集中精力,做好有形市场与无形市场的有机结合。在市场开拓方面,高校的重点是做好“广开门路”,应通过多种途径、多种渠道极大限度地挖掘、开发就业市场,广泛地收集大学生就业需求信息,具体的途径既可通过信函,广泛收集大学毕业生需求信息,又可通过网络和通讯,提高与用人单位联络的效率;还可通过各种媒介,大力宣传大学生生源信息。我们要充分发挥现有的高校大学生就业市场、人才市场和劳动力市场的作用,逐步建立并完善高校大学毕业生社会服务体系,高校还可借助人才市场,大力开发高职毕业生、专科毕业生的就业市场。为了提高专科生、高职毕业生的就业率,高校就业指导中心在市场开拓方面可以作一些大胆的尝试,通过与人才市场的交流与合作,推行市场化运作模式,这样既可以减轻高校的就业压力,也可以相对节约毕业生就业成本。另外,高校有必要通过调研,加强与用人单位的合作与沟通。

高校要主动开展就业市场需求分析和毕业生跟踪调查,实际执行时,高校就业指导中心每年可组织各院系从事就业工作的人员对大学毕业生进行跟踪调查,对需求信息进行广泛收集、对用人单位的反馈意见进行认真整理分析,对市场需求做出科学预测,以市场为导向,进行专业结构的调整和新型专业的申报与开设。在市场建设方面,高校应集中精力(包括人力、物力和财力),把“有形市场”和“无形市场”有机地结合起来,使这两个市场有机统一、互为补充、相得益彰。对于“有形市场”,高校应开辟常设性大学毕业生就业场地作为就业指导、就业洽谈与就业招聘的专用场所。高校举办的大型招聘会是高校大学生落实就业的主要途径。高校应竭尽全力举办好以学校为基础的大型招聘会,它不仅可以为大学毕业生提供更多的展示自我和实现就业的机会,而民还可以让用人单位加深对学校的了解,从而加强校企间的合作和对话。对于“无形市场”,高校要充分利用现有资源,在基础上,建立健全高校大学生就业服务信息网络,为用人单位和高校大学生提供网上沟通的平台,高校应从资金、场所、设备等方面,加大对本校就业信息网建设与维护的投入,因为加强校级就业信息网络的建设,是现代科技发展的必然趋势,是信息化时代的必然要求,是提高工作效率的前提条件。高校还应重点加强本校就业信息网与外界专门的就业网站的合作与联盟,努力实现高校就业市场、人才市场和劳动力市场相互贯通,实现网上信息资源共享,从而实现大学毕业生在这个“无形市场”里拥有真正无限的就业空间和就业机会。

随着我国高等教育事业改革和发展进程的不断向前推进,高校大学生就业制度也在不断改革和完善，从计划经济时代的“统包统配”的传统就业制度转为适应社会主义市场经济的以“市场导向、政府调控、学校推荐、学生和用人单位双向选择，学生自主择业”的就业机制。在目前的形势下，大学生就业面临着重重困难：就业形势不理想、就业机制不健全、就业市场不完善、就业渠道不畅通、就业环境不平等、就业结构不平衡、大学牛就业观念偏差、人数急增等原因都制约着大学生的顺利就业。如何指导大学生正确面对现实，把握好形势、找准自己的位置，顺利地找到适合自己生涯规划的工作岗位就成为当务之急，因而，就业指导也就显得尤为重要。

第七章 总 结

本书对目前国内外高校大学生就业指导的情况和特点进行分析研究，对我国高校大学生就业指导的现状及存在的主要问题作了总结探析，在借鉴国外发达国家高校大学生就业指导的成功经验的基础上，提出了构建我国高校大学生全程化生涯规划就业指导模式的目标、指导思想、组织机构和基本思路。从更新职业生涯观念、健全就业制度、建立专业的指导队伍、建立以市场为导向的培养模式、提高大学生综合素质、完善高校大学生就业指导内容、改进完善就业指导的形势和手段、建立健全大学生就业市场、实现就业指导与就业制度的衔接等九个方面提出了改革措施，希望能对我国高校大学生就业指导工作起到一定的促进作用。

我国高校大学生就业指导体系和理论研究工作尚处于不断发展、丰富和完善之中，这需要我们继续努力研究和探索。由于作者水平有限，本书的不足与缺憾之处，敬请读者批评指正。

参考文献

[1] 李燕,邵林,王军. 大学生就业指导创新研究. [M]. 浙江大学出版社. 2013.

[2] 杨伟国. 国外大学生就业指导及其借鉴[J]. 中国高教研究,2007(1):4-5.

[3] 李萍. 中外大学生就业指导的比较分析及启示[J]. 江苏高教,2002(5):61.

[4] 王建平. 浅议职业指导在促进高校毕业生就业工作中的作用[J]. 渭南师范学院学报,2013(4):41.

[5] 孙秀华. 大学生就业指导理念和实践模式之思考[J]. 福建论坛:人文社会科学版,2005(9):52-53.

[6] 喻名峰,陈成文,李恒全. 回顾与前瞻:大学生就业问题研究十年(2001~2011)[J]. 高等教育研究,2012(2):31-37.

[7] 吴立爽. 对学生就业能力的若干思考—以宁波市为例[J]. 宁波大学学报:教育科学版,2007,(4):41-43.

[8] 邬红波. 大学生就业能力提升对策研究[J]. 宁波工程学院学报,2009(3):51-55.

[9] 夏阳. 浅析大学生的就业能力[J]. 中国大学生就业,2006(15):105-106.

[10] 王保义. 中美大学生就业指导模式比较研究[J]. 现代教育科学,2004(1):36-39.

[11] 赵频,丁振国,马向平. 大学生就业排斥与政府责任[J]. 中国地质大学学报:社会科学版,2009(5):106-109.

[12] 刘晖,郭小溪. 我国大学生就业现状与对策[J]. 沈阳航空工业学院学报,2008(10):51.

[13] 工保义. 中德大学生就业指导比较研究[J]. 高等工程教育研究,2004(4):62-66.

[14] 范湘云. 当前我国大学毕业生就业难的现状分析与思考[J],东北财经大学学报,1999(2):79-83.

[15] 王晓三,国外高校学生就业指导工作概况与启示[J],教育与职业,2005(7):35-37.

[16] 唐小璐. 中日高校大学生就业指导的比较及启示[J],高等教育与学术研究,

2008(9):3.
[17] 曹蓉玫. 大学生就业指导模式研究[J]. 教学研究,2005(5):221 - 224.
[18] 朱焕辉,钱灿平,陈昭华. 在就业指导课程中构建互动教学模式创新研究[J]. 思想政治教育研究,2006(2):85 - 86.
[19] 史广政,隋照莹. 论就业指导新模式——全程职业激励[J]. 教育与职业,2006(2):95 - 97.
[20] 李斌,张桂萍. 浅议大学生职业生涯辅导系统的建立[J],教育与职业,2006(2):97 - 99.
[21] 宋长春. 建立全过程渗透的大学生就业指导服务模式探析[J]. 黑龙江高教研究,2000(4):60 - 62.
[22] 蒲建萍. 创新高校就业指导模式的思考[J]. 思想政治教育研究,2005(4):49 - 50.
[23] 王守忠,赵天武. 论个性化就业指导模式的构建[J]. 中国大学生就业,2006(6):56 - 57.
[24] 刘亚兴,袁森. 如何构建高校就业指导工作的模式[J]. 湖北函授大学学报,2006(3):19 - 21.
[25] 高红星. 在高校平台培养模式中构建全程就业指导体系[J]. 科技创业月刊,2006(3):81 - 82.
[26] 朱艳华. 浅析新形势下高校就业指导模式创新[J]. 理论界,2006(8):117 - 118.
[27] 林骥佳. 构建全新的就业指导模式[J]. 计算机教育,2005(7):66 - 67.
[28] 张子峰. 高等院校就业指导工作的新模式[J]. 湖北职业技术学院学报,2005(9):27 - 30.
[29] 杨奇红. 创新工作模式提高就业工作质量[J]. 北京教育:高教版,2004(4):31 - 32.
[30] 冷青峰. 美英日的大学生就业及其启示[J]. 学习月刊,2005(4):32.
[31] 张丽梅. 高校毕业生就业指导的规划与建设[J]. 中国大学生就业,2004(14):55 - 57.
[32] 代花,陈世庆. 美国大学生就业指导体系探析[J]高等农业教育,2007(10):83 - 86.
[33] 汪燕春,章国平. 大学生就业指导课教学实效性探析[J]. 中国电力教育,2008(9):161 - 163.
[34] 张建. 论学生政治辅导员在大学生就业工作中的地位与作用[J]. 中国大学生就业,2006(14):57 - 58.

[35] 郑信心. 试论职业指导在促进高校毕业生就业困难群体就业工作中的重要作用和有效途径[J]. 福建建材,2013(1):117-118.
[36] 李升兴. 浅析大学生就业难的成因及对策[J]. 教育与职业,2009(9):7-8.
[37] 杨立升. 试论职业指导在促进高校毕业生就业工作中的重要性和作用[J]. 成都师范学院学报,2013(9):44-47.
[38] 宋晓宗. 美国高校就业指导的实践机制探析及启示[J]. 通化师范学院学报,2011(1):81-83..